Los 25 hábitos
de los inversores
altamente eficaces

T0244489

PROFIT
editorial

Profit Editorial, sello editorial de referencia en libros de empresa y management. Con más de 400 títulos en catálogo, ofrece respuestas y soluciones en las temáticas:

- Management, liderazgo y emprendeduría.
- Contabilidad, control y finanzas.
- Bolsa y mercados.
- Recursos humanos, formación y coaching.
- Marketing y ventas.
- Comunicación, relaciones públicas y habilidades directivas.
- Producción y operaciones.

E-books:
Todos los títulos disponibles en formato digital están en todas las plataformas del mundo de distribución de e-books.

Manténgase informado:
Únase al grupo de personas interesadas en recibir, de forma totalmente gratuita, información periódica, newsletters de nuestras publicaciones y novedades a través del QR:

Dónde seguirnos:

 | @profiteditorial

  | Profit Editorial

Ejemplares de evaluación:
Nuestros títulos están disponibles para su evaluación por parte de docentes. Aceptamos solicitudes de evaluación de cualquier docente, siempre que esté registrado en nuestra base de datos como tal y con actividad docente regular. Usted puede registrarse como docente a través del QR:

Nuestro servicio de atención al cliente:
Teléfono: **+34 934 109 793**
E-mail: **info@profiteditorial.com**

Peter Sander

Los 25 hábitos
de los inversores
altamente eficaces

Optimiza tus inversiones
en un mercado en
constante cambio

La edición original de esta obra ha sido publicada en lengua inglesa por Adams Media, una división de F+W Media, Inc. 57 Littlefield Street, Avon, MA 02322. U.S.A. con el título original *The 25 Habits of Highly Successful Investors* de Peter Sander

© 2013 by F+W Media, Inc
© Profit Editorial I., S.L. 2016, 2023

Traducción y adaptación: Emili Atmetlla
Diseño de cubierta: XicArt
Maquetación: JesMart

ISBN: 978-84-19212-64-1
Depósito legal: B 387-2023
Primera edición: octubre, 2016
Segunda edición: abril, 2023

Impresión: Gráficas Rey

Impreso en España / *Printed in Spain*

Dedicatoria

Los 25 hábitos de los inversores altamente eficaces es un libro que está dedicado a ustedes, los inversores activos que tienen un norte en la vida e independencia de pensamiento para tomar sus propias decisiones de inversión y que enfocan dichas decisiones de un modo novedoso y creativo, pero probado. Con los *25 hábitos* adquirirán un proceso de razonamiento y aprenderán a hacer las preguntas adecuadas aunque decidan no gestionar directamente sus propias inversiones. En cualquier caso, estos hábitos son un modo inteligente de comenzar a evaluar cualquier negocio o empresa, incluida aquella en la que ustedes trabajan.

Agradecimientos

Quiero dar las gracias a mi editor Peter Archer por proponerme el concepto de los *25 hábitos* y motivarme para recopilar mis cuarenta y cinco años de experiencia inversora en este libro útil y a la vez ameno. Además, como ningún libro sale a la luz sin el valor añadido del ejercicio que mantiene el cuerpo en forma y la mente clara, doy mis más expresivas gracias a mis compañeros de ejercicio. Y, por supuesto, al igual que en todos mis libros, mis hijos Julian y Jonathan y mi nueva prometida, Marjorie, son merecedores de mi agradecimiento por su inspiración y apoyo para que siguiera escribiendo.

Índice

Parte II. Evalúe para tener éxito.
Descubra cuáles son las mejores inversiones para usted

Parte III. Sea propietario para tener éxito.
Saque el máximo partido
a su cartera de valores

Introducción

La inversión puede crear hábito

La motivación es lo que te pone en marcha.
El hábito es lo que te ayuda a continuar.

JIM RYUN,
antiguo poseedor del récord mundial de la milla.

Usted dispone de algún dinero para invertir. ¿Y ahora qué?

Tal vez ha estado invirtiendo de forma activa durante años, pero actualmente no se siente satisfecho de los resultados obtenidos. Hacia arriba un año, hacia abajo el siguiente, luego movimientos laterales en un tercer año mientras los mercados evolucionaban firmemente al alza.

¿No pasa un poco como en el golf u otro deporte de precisión? Juega fenomenalmente un día, francamente mal al siguiente y unos cuantos buenos hoyos en una semana siguiente lamentable en su conjunto. ¿O como con la cocina? Un domingo le sale una paella impresionante y al domingo siguiente no tiene gusto de nada y el arroz está pasado. El tercer domingo no está mal, pero la familia ya no aplaude como hizo en el primero.

En cualquiera de estas situaciones, el mero instinto hace que quiera volverlo a intentar. Al igual que en el golf o en la cocina, a usted le gustaría mejorar su intuición y sus técnicas de inversión. A usted le gustaría seguir gestionándolas directamente, por lo menos en su mayor parte. Usted quiere alcanzar un nivel en que pueda hacerlo (1) bien; (2) con una cierta coherencia; y (3) sin romperse la cabeza tratando de recordar qué hizo la última vez.

Como otras actividades basadas en la competencia y la habilidad, usted se plantea las inversiones para (1) alcanzar o superar sus expectativas; (2) que sean coherentes y fiables; y (3) gestionarlas sin estrujarse el cerebro ni dedicándoles demasiadas horas de su valioso tiempo personal.

Invertir bien es cuestión de habilidad, experiencia, previsión, tiempo, energía y una buena dosis de suerte. Todas estas cosas forman parte del golf y de la cocina y yo me permito sugerir que también están implicadas en las inversiones. Pero invertir bien exige unos buenos *hábitos,* sobre todo en el mundo actual (para la mayoría de nosotros, por lo menos), donde hay otras prioridades y no podemos —o no queremos— pasarnos el día enfrente del ordenador analizando inversiones.

Sin unos buenos hábitos usted puede encontrarse atascado en una pauta de rendimiento inversor mediocre e incoherente. Con unos buenos hábitos, en cambio, usted acertará la mayor parte del tiempo (atención, no he dicho *todo* el tiempo). Usted se sentirá mejor y dormirá mejor porque habrá actuado correctamente. Y dedicará menos tiempo, *o invertirá más tiempo productivo.*

Con ese espíritu, le propongo *Los 25 hábitos de los inversores altamente eficaces.*

¿Qué quiero decir con «hábito»?

Cuando usted piensa en la palabra *hábito,* ¿qué es lo primero que viene a su mente? Para la mayoría de nosotros, sobre todo antes de la publicación de *Los siete hábitos de las personas altamente efectivas,* la palabra *hábito* evocaba probablemente el concepto de *malos* hábitos como, por ejemplo, fumar, beber o hablar con la boca llena. Hábitos que no son buenos para usted, que molestan a los demás, o una combinación de ambos. No es un concepto útil para un libro sobre inversiones, ¿verdad?

Los 25 hábitos de los inversores altamente eficaces no tienen nada que ver con la expulsión de malos hábitos inversores. No tienen que ver necesariamente con la transformación en hábitos de cosas que usted ya hace, aunque confío que usted ya haya estado haciendo algunas de dichas cosas, por lo menos.

En realidad, es cuestión de estructurar algunas de las cosas que hace y ha experimentado, junto con algunos elementos de inversión que probablemente *no* hace ni ha experimentado, en unos ejercicios inteligentes y repetibles que mejoren en última instancia su rendimiento inversor. Si todo va bien, los *25 hábitos* contribuirán a mejorar sus resultados a la vez que absorberán una menor cantidad de su tiempo (o, por lo menos, lo invertirá con mejor criterio) y le harán sentirse más cómodo con el proceso de inversión en su conjunto.

Directamente del diccionario

Tengo el hábito de consultar las definiciones del diccionario para destacar los conceptos que quiero analizar. De acuerdo con esta idea, veamos a continuación la definición que da el diccionario de *hábito*.

Un *hábito* es:

a) Una pauta de conducta recurrente, a menudo inconsciente, que se adquiere a través de la repetición frecuente.

b) Una predisposición establecida de la mente o del carácter.

Como inversor, especialmente un inversor que tiene muy poco tiempo, tal como nos pasa a la mayoría, usted debería fijar una rutina. En lugar de abordar cada decisión de inversión como si nunca hubiera tomado ninguna en el pasado, debe tener a su disposición un método demostrado que sea eficaz para usted. Usted debe disponer de un método que sea repetible. Debe disponer de un método que sea un proceso, pero que sea un proceso lo suficientemente sencillo y claro para que se pueda poner en práctica sin necesidad de dedicar un tiempo excesivo a pensar en el mismo. Usted tiene que concentrarse en el *resultado,* y ese resultado está guiado por una «pauta de conducta», una «disposición establecida de la mente o del carácter», algo que sea repetible una y otra vez sin pensar demasiado en ello.

¿De dónde proceden estos hábitos?

> *Las cadenas del hábito suelen ser demasiado ligeras para ser percibidas hasta que son demasiado pesadas para poder ser rotas.*
>
> SAMUEL L. JOHNSON,
> autor británico.

Este libro está dedicado a exponer «veinticinco cadenas de hábitos» que creo que son lógicas para el inversor individual de hoy en día, que tiene una visión a largo plazo, que está informado y orientado a resultados. Me he basado en la experiencia de mis cuarenta y cuatro años de invertir personalmente y en la experiencia de otros iconos del estilo de inversión *orientado al valor*, concretamente Warren Buffett, Peter Lynch, Benjamin Graham y otros seguidores de dicha escuela de inversión.

Antes de seguir adelante, quiero aclarar lo que yo quiero decir con una serie de términos que aparecen continuamente en el libro.

Largo plazo

Seguro que han escuchado esta expresión multitud de veces y, sin embargo, ¿cuál es el verdadero significado de largo plazo para un inversor? Escuchamos en muchas ocasiones el consejo de «comprar y mantener» y muchos de nosotros lo hemos seguido en uno u otro momento. (O lo hicieron nuestros padres. Los míos adquirieron treinta y cinco acciones de General Motors y depositaron el certificado de titularidad en una caja de seguridad. Al parecer, su propósito era conservar las acciones para siempre.) Eso ocurrió en una época en que los cambios se producían de forma más lenta y los sectores de actividad eran más longevos –piense en el ferrocarril, la radio, el automóvil–. Los cambios significativos tenían lugar cada treinta, cincuenta o incluso cien años. Actualmente, los sectores de actividad cambian con mucha más rapidez. Piense en Internet, ordenadores, restaurantes o empresas de entretenimiento, por citar solo unos cuantos ejemplos de sectores que cambian con rapidez o que incluso agotan su vigencia en muy pocos años. En efecto, incluso una compañía poderosa como Microsoft ha tenido que defenderse contra demandantes antimonopolio a causa de sus temores de supervivencia, no frente a los competidores sino frente a la evolución tecnológica y la desaparición del PC. Por tanto, ¿qué es el largo plazo? Para una inversión concreta, tal vez de cinco a siete años en función del sector de que se trate.

Orientación a objetivos

¿Cuál es su objetivo de inversión? ¿Liquidez rápida a corto plazo? ¿Crecimiento a largo plazo? ¿Llegar a una suma determinada para financiar la universidad de los hijos, la jubilación o sencillamente para tener seguridad económica? El planteamiento que exponemos en los *25 hábitos* tiene un pie en ambos campos: lograr un crecimiento a largo plazo con una relativa aversión al riesgo y con una modesta cantidad de liquidez. Otro objetivo a conseguir: una rentabilidad *ligeramente* mejor, unos puntos de porcentaje ligeramente superiores al rendimiento del mercado global.

Individual

25 hábitos está dirigido al inversor individual, es decir, al inversor que decide sus propias inversiones. Este tipo de inversores pueden llevar a cabo directamente todas sus gestiones de inversión, o bien dejar parte o todas sus decisiones de inversión en manos de un asesor profesional o un gestor de fondos de inversión, para equilibrar sus tomas de decisiones y aligerar la carga de la cartera de inversiones, por lo menos de una parte. El inversor individual que toma sus propias decisiones sigue unos hábitos, mientras que el inversor que trabaja con o a través de un asesor busca el testimonio de un profesional. A propósito, el *Hábito 9. Evalúe los fondos de inversión de forma realista*, trata del tema de garantizar que un fondo merezca la pena y esté en sintonía con sus objetivos de inversión.

Inversor

Usted no es un operador, ni un especulador, ni alguien que se sube al carro con la última *historia* de inversión como Facebook. Usted no es el tipo de persona que busca algo para poder fanfarronear en la próxima fiesta. Los inversores de *25 hábitos* persiguen obtener rendimientos sólidos a largo plazo sobre su valioso capital, que han invertido de forma racional en buenas empresas. Invierten en una parte de las empresas como si les gustara ser propietarios de la totalidad de las mismas.

Orientación al valor

Este libro sigue la denominada escuela de inversión en *valor*. La inversión en valor significa adoptar un punto de vista racional de los fundamentos económicos e intangibles de una empresa, y valora dicha empresa simplemente en cuanto al retorno de liquidez que se obtendrá de ella mientras se sea propietario, nada más y nada menos.

Cuando usted invierte, analiza dicho valor «intrínseco» frente al *precio* del negocio –la cotización o precio de la acción–. Si le parece que es una ganga, es decir, que el precio le ofrece un margen de seguridad, la compra.

Tal como he comentado antes, *25 hábitos* es el producto de mi propia experiencia como inversor, pero está extraordinariamente influido por los iconos de la inversión en valor, sobre todo Warren Buffett. Su estilo, que considera que el potencial de crecimiento es un importante componente del valor –lo cual, por cierto, rechaza el concepto sostenido por muchos fondos de inversión y sus seguidores de que un fondo debe clasificarse o bien de crecimiento o bien de valor–, es mi inspiración principal.

La pregunta básica es si una compañía tiene éxito en el mercado. Si es así, al final acabará teniendo éxito también en la bolsa. Esto y mi propia experiencia personal hacen entender el concepto de que el futuro rendimiento *económico* es en mayor medida una función del futuro rendimiento en el *mercado* y de otros «intangibles estratégicos» y, en menor medida, una función del rendimiento económico pasado. Es en este último elemento en el que se centran la mayoría de analistas de inversiones. Como inversor, usted está más interesado en los resultados futuros que en los resultados pasados. Así pues, varios de los *25 hábitos* están enfocados a los intangibles –hábitos 13 al 15, *Adopte la perspectiva de marketing, Póngase en la piel del cliente, Capte el estilo de dirección y gestión*– y dan consejos relativos a la evaluación de los futuros rendimientos.

¿A quién me dirijo?

Con estas ideas bien asentadas, ¿qué presupongo acerca de usted, su experiencia y su base de conocimientos?

1. *Usted es una persona ocupada.* Esto no es lo que usted hace para ganarse la vida. Usted tiene un trabajo cotidiano o una pensión de jubilación, y quiere que aumente lo que ya tiene o lo que gana, pero probablemente tan solo dispone de unas pocas horas a la semana, como máximo, para dedicarse a sus inversiones.
2. *Usted es un inversor.* Usted no es un operador, ni un especulador ni juega a la bolsa. (Hay muchos otros libros en el mercado para este tipo de actividades.) Usted invierte para obtener una rentabilidad moderada y a largo plazo de su dinero.
3. *Usted invierte en bolsa.* Una gran parte del contenido del libro se refiere a la adquisición de acciones, no de bonos, oro, otras materias pri-

mas, inmuebles, instrumentos del mercado monetario u otros tipos de inversiones.

4. *Usted ya ha hecho esto antes.* En este libro, no explico qué es la bolsa ni cómo funciona, ni cómo trabajan los corredores de bolsa *online*, ni cómo funcionan los fondos de inversión u otros tipos de inversiones. La base de este libro son las acciones (participaciones en las empresas que usted quisiera poseer como negocio).

5. *Usted quiere hacer esto por sí mismo, por lo menos en parte.* Los hábitos que se describen en este libro están dirigidos a aquellos de ustedes que quieren tomar, como mínimo, algunas de sus propias decisiones de inversión, aunque también pueden ser de ayuda para formular las preguntas apropiadas a un asesor profesional y para analizar el desempeño de un gestor de fondos de inversión.

Los tres ciclos de la inversión

Cuando preparaba la redacción de *Los 25 hábitos de los inversores altamente eficaces*, creí que era importante agrupar o clasificar los hábitos de acuerdo con las tres actividades principales que realiza un inversor.

- *Crear un estilo de inversión.* Como inversor, lo primero que se hace es crear un estilo de inversión. Cada estilo de inversión es distinto, ya que cada inversor tiene necesidades distintas y percibe que cada inversión satisface dichas necesidades de forma distinta. Si todos los inversores hicieran lo mismo para conseguir los mismos objetivos no existiría un mercado real; todo el dinero fluiría hacia unas pocas inversiones concretas (lo cual realmente no sucedería, porque nadie las vendería). Su estilo es un fundamento aplicado una y otra vez y basado en sus necesidades, su tolerancia al riesgo, y su experiencia. Usted utilizará información y herramientas analíticas a lo largo del proceso para que su estilo sea más eficaz. Agrupo seis hábitos en la *Parte I*.

- *Comprar un título o valor.* Cuando la mayoría de nosotros pensamos en las inversiones lo hacemos pensando en la selección y compra de un título o valor −básicamente acciones−. Aquí, aprenderá conceptos a considerar en relación con la compra de las acciones como si estuviera comprando la totalidad de la empresa, basando la decisión en los fundamentos, los intangibles y el precio. Doce hábitos de compra se exponen en la *Parte II*.

- *Ser propietario de un título o valor.* En lo que muy pocos inversores piensan —o como mínimo no tienen buenos hábitos al respecto— es en qué hacer con una acción, esa participación en el capital de una empresa, una vez la han comprado. ¿Cómo realiza el seguimiento? ¿Cómo verifica que su inversión sigue siendo el mejor lugar para su dinero? ¿Cómo gestiona la inversión para maximizar la rentabilidad? ¿Cuándo hay que vender? Todas esas son preguntas que el comprador de una pequeña empresa se haría sobre la propiedad de la misma. Los últimos siete hábitos se exponen en la *Parte III*.

¿Preparado? Allá vamos.

Parte I

El estilo para tener éxito. Creación de un estilo de inversión individual

Determinadas personas con mucha intuición y mucho talento pueden agarrar un palo de golf y dar el primer golpe sin ningún problema. O pueden colocarse detrás de un atril y soltar un precioso discurso a la primera. ¿No los odia? Sin embargo, el resto de los mortales tenemos que prepararnos para comenzar a hacer algo y sentirnos bien con lo que hacemos. Tenemos que aprender y reflexionar sobre ello antes de probar. Al final, todos perseguimos un estilo fiable y repetible. Con el tiempo cogemos el tranquillo y esperamos que nuestro estilo mejore. Todo esto es aplicable al golf, a hablar en público y también a las inversiones.

En la *Parte I* se ofrecen seis hábitos que cubren técnicas y pensamientos importantes que le ayudarán a iniciarse y a perfeccionar su estilo de inversión.

Hábito 1

Conózcase a sí mismo y sepa qué puede esperar

Es viernes por la noche y está a punto de empezar su programa de televisión semanal favorito cuando de repente suena su teléfono móvil. Al otro lado del hilo está uno de sus viejos amigos, Pepe, que le pregunta si quiere acompañarle a hacer *rafting* (descenso por el río) mañana. «Será un día muy caluroso. Te encantará. Tienes que probarlo.»

Usted odia el agua fría. En realidad, no le gusta el agua y punto, y en especial no le gusta meterse dentro del agua. No le gustan las rocas resbaladizas. No está seguro de estar en condiciones de soportar los inevitables remojones ni los descensos en picado por los rápidos ni otras cosas que puedan ocurrir. Además, los mosquitos y un sol de justicia, por no hablar de la posiblemente incómoda y estúpida charla con los viejos compañeros de otra época que ya se terminó.

Por otra parte, parece que puede ser divertido, ¿no es cierto? Podría ser el pasatiempo adecuado para un día caluroso y para volver a conectar con los colegas. Puede que no solo se lo pase bien sino que también descubra una nueva actividad y placer, y algo nuevo para el futuro. Usted *debería* hacerlo. ¿Qué hará? ¿Qué le contestará a Pepe?

Como en la mayoría de las grandes aventuras de la vida —por lo menos las que no se encuentran en el ámbito de su profesión, su personalidad o su zona de confort cotidiana—, usted podría dar un paso hacia atrás durante un segundo para revisar quién es, lo que le gusta y lo que espera ganar (o perder) en caso de que diga que «sí».

Tendrá que decidir si el placer a obtener compensa el esfuerzo, coste o posibles incomodidades que pueda experimentar durante esta salida. Esta es, por supuesto, la cuestión clave. Tal vez es un poco exagerado comparar las inversiones con el *rafting* durante un fin de semana de verano, pero en ciertos aspectos son actividades similares.

Cuando usted invierte, sabe que de vez en cuando:

- Se mojará.
- Se asustará.
- Se sentirá incómodo.

Pero, al mismo tiempo, experimentará la emoción del triunfo y de haber conseguido su objetivo. Además, como consecuencia, su futuro económico será más seguro.

En ambas aventuras, tendrá que pensar en los resultados probables, tendrá que mantener la totalidad de la aventura dentro de su zona de confort, tendrá que saber qué va a obtener de ella y hasta qué punto y con qué frecuencia se va a remojar a lo largo del proceso.

También deberá pensar en lo que es razonable esperar a largo plazo, cuáles son los resultados realistas y decidir si el premio compensa correr el riesgo. Al igual que usted en cualquier aventura, personal o profesional, los buenos inversores suelen:

- Percibir las consecuencias o resultados.
- Percibir los riesgos.
- Establecer unas expectativas razonables.
- Permanecer fieles a sí mismos.
- Tomar lo que el mercado les ofrece.

Por costumbre, los buenos inversores tienen una perspectiva razonable y equilibrada de aquello que van a emprender.

Sepa qué es lo que está tratando de conseguir

¿Por qué deseo invertir? Esta es la primera pregunta que cualquier inversor prudente debe responder.

Invertir no tiene que ver con el derecho a presumir ni tampoco con que «todo el mundo lo hace». Un inversor prudente invierte para mejorar el crecimiento de su renta y patrimonio personal a lo largo de un periodo de tiempo. Cuando compra una acción, una participación en un fondo de inversión o un bono, usted está utilizando de forma inteligente su capital personal en los mercados de capitales para obtener un rendimiento, ni más ni menos.

En el desempeño de su profesión, usted obtiene unos ingresos. Con el tiempo, si sus finanzas están bien gestionadas, ahorrará una parte de dichos ingresos. La inversión se lleva a cabo (o debería llevarse a cabo) para producir un determinado rendimiento en forma de un ingreso actual y/o un crecimiento de dichos ahorros. A medida que envejezca, los ingresos y el crecimiento de las inversiones superarán sus ganancias actuales en volumen e importancia y, si todo va bien, deberían producir más que los ingresos de que disfrute entonces, después de jubilarse.

En pocas palabras: *comprar, mantener, hacer que crezca.*

En estas tres sencillas palabras se encierra lo que realmente son las finanzas personales y la gestión del patrimonio. La inversión cubre básicamente la parte de «crecer». Si usted compra pero no puede mantener, no tendrá nada para el futuro. Si compra y mantiene, pero su inversión no es capaz de crecer, lo más probable es que consuma lo que tenga y sus ahorros se agoten. La inversión debería protegerle frente a estas consecuencias no deseadas.

Por tanto, una gran parte del hábito 1 consiste en la utilización de *comprar, mantener, hacer que crezca* en el ámbito de sus finanzas personales.

Sepa lo que es realista

¿Gana millones la gente en el mercado? Por supuesto que sí. Pero no muchas personas los ganan, por lo menos no muchos individuos mortales como usted y como yo. También hay personas que ganan millones en la lotería, pero aún son menos los que se hacen ricos de esta manera.

Como inversor, usted debería desarrollar el hábito de tener unas expectativas razonables. Si se mantiene dentro de dichas expectativas es probable que salga ganando. Volviendo a la analogía del *rafting,* no se remojará tan a menudo y disfrutará más del viaje. No tendrá que preocuparse de ser arrojado a los rápidos —en términos económicos, un fracaso importante— con tanta frecuencia. Aunque sus inversiones precisarán siempre de atención y mantenimiento, le dejarán dormir por las noches.

Rendimientos de las inversiones y sus alternativas

Así pues, ¿qué rendimiento es razonable esperar de sus inversiones?

En la época que vivimos esta es una pregunta de difícil respuesta, sobre todo porque la volatilidad ha aumentado y los mercados pueden subir y bajar de hoy para mañana. Además, todos nos enteramos del mayor coste de las cosas por las que ahorramos para el largo plazo, como la jubilación o la formación universitaria de nuestros hijos, y nos aterroriza la idea de que nuestros ahorros no nos van a llegar para cubrir estas necesidades. Empezamos a creer que cualquier rendimiento por debajo del 20 por ciento anual no será suficiente.

Saber lo que se puede esperar es crucial, no solo para planificar las finanzas a largo plazo, sino también para comprender las alternativas. ¿Qué quiero decir con el término *alternativas*?

Todo inversor debería saber cuáles son las alternativas y debería invertir solamente cuando la inversión es la mejor alternativa y la más prudente. Si el mercado bursátil está señalando una rentabilidad del 5% pero usted puede ganar un 6% con un certificado de depósito bancario o un 7% (implícito) liquidando total o parcialmente su hipoteca, estas alternativas deben considerarse seriamente como parte, por lo menos, de su capital invertible. Igualmente, una inversión que pueda proporcionar, por ejemplo, un rendimiento del 10 o 20 por ciento corriendo un mayor riesgo debe compararse con alternativas en las que se obtenga un 2 o 3 por ciento con un riesgo relativamente menor.

Los buenos inversores tienen la costumbre de evaluar constantemente las diferentes alternativas. (Véase *Hábito 24. Venda cuando haya algo mejor que comprar.*) Los buenos inversores han adquirido también el hábito de utilizar un rendimiento de la inversión moderado y *alcanzable* como supuesto del futuro crecimiento de su patrimonio.

Rendimientos razonables a lo largo de los años

Volvamos a la pregunta. ¿Qué debería esperar de sus inversiones? ¿Qué se puede conseguir o alcanzar?

Durante años, la regla general de la comunidad financiera para la inversión en bolsa era de un 10 por ciento. Los datos estadísticos recogidos desde los años veinte del siglo pasado hasta hoy la confirman: el rendimiento del mercado más los pagos en concepto de dividendos arrojan una cifra muy cercana al 10 por ciento.

HÁBITO 1. CONÓZCASE A SÍ MISMO Y SEPA QUÉ PUEDE ESPERAR

Ahora bien, ¿cómo es posible que el mercado bursátil, que en realidad es la suma de los valores de todas las corporaciones que cotizan en dicho mercado, genere un rendimiento del 10 por ciento anual, cuando la economía total, medida por el Producto Interior Bruto (PIB), crece, por ejemplo, entre el 2 y el 4 por ciento al año? ¿Tiene esto lógica? ¿Pueden las compañías, consideradas en conjunto, crecer a un ritmo más rápido que el total de la economía? Y, si es así, ¿es sostenible dicho crecimiento?

Estas son preguntas importantes y todos los inversores deberían tratar de entender las respuestas. De hecho, los rendimientos obtenidos en la bolsa han superado a la economía en su conjunto a largo plazo, pero no en la misma proporción que las cifras podrían sugerir. Además, parece que la regla general del 10 por ciento se ha moderado. Actualmente, está más cerca del 7 u 8 por ciento.

¿De dónde procedía la cifra del 10 por ciento? Estaba formada por tres componentes:

- Crecimiento del PIB —crecimiento económico real— del orden del 3 por ciento.
- Inflación (del orden del 3-4 por ciento a largo plazo).
- Dividendos y otros pagos —liquidez obtenida y desembolsada por las compañías y no retenida como parte del valor de la compañía—. Los pagos medios por este concepto, de las compañías cotizadas, son del orden del 2 por ciento.

Si se suman las cifras anteriores se obtiene un valor del orden del 8-9 por ciento. El 1-2 por ciento final para llegar al 10 por ciento es probablemente atribuible a la participación cada vez mayor de las grandes compañías cotizadas en bolsa, que obligan a los competidores más pequeños y a las empresas familiares a salir del mercado. Por tanto, la cifra del 10 por ciento tenía sentido en tanto que esta ganancia de participación siguiera intacta y en tanto que la economía en su conjunto creciera al ritmo del 2-4 por ciento.

Hoy en día, sin embargo, el crecimiento económico medido por el PIB ha menguado un tanto, y dicho crecimiento de la cuota de mercado probablemente también ha decaído. Muchas compañías están sufriendo una competencia renovada por parte de empresas más pequeñas y más ágiles, sobre todo en la medida en que las firmas de mayor tamaño reducen su personal y contratan en el exterior una parte creciente de su negocio. Un ejemplo bastante espectacular al respecto es el del sector cervecero, donde el tamaño ya no es un factor positivo y donde la participación de mercado que disfrutaban las grandes compañías está revirtiendo a las pequeñas empresas y a las microempresas cerveceras.

Así pues, ¿qué es «razonable» esperar hoy en día?

Veamos las cifras siguientes: de 1929 a 2011 los mercados bursátiles han ganado un 5,1 por ciento anual acumulativo a lo largo de estos 83 años, según el índice S&P 500, como indicador representativo de toda la bolsa. Como cifra real, incluye implícitamente el efecto de la inflación, ganancias de cuota de mercado, etc. Añadamos a esta cifra un 2,2 por ciento, aproximadamente, en concepto de dividendos y llegamos a un 7,3 por ciento de rendimiento anualizado para las acciones.

Con este bonito rendimiento −7,3 por ciento, frente a algo menos del 1 por ciento actualmente para la mayoría de cuentas de ahorro−, ¿quién no querría invertir en acciones? Bien, la respuesta es sencilla. Ese 7 por ciento *experimenta* una variación considerable o, como dicen los profesionales del mercado, una gran volatilidad de un año al siguiente.

De hecho, solo en 14 de los 83 años, el índice S&P 500 creció al ritmo de un solo dígito. Esto quiere decir que en 69 de los 83 años, la variación fue algo mayor o algo menor. Con esta perspectiva, ¿cómo podría dormir por la noche un inversor?

Aunque esto suena espantoso, hay también alguna noticia positiva. En primer lugar, en 55 de los 83 años se produce una variación positiva. En segundo lugar, 46 de los 83 años se encuentran dentro del intervalo relativamente benigno del 0 al 30 por ciento. Si piensa en ello como si fuera un juego de dados, la mayoría de tiradas dan resultados positivos y la mayoría son superiores a la media a largo plazo del 5,1 por ciento. Con todo, en los años realmente malos, en los años treinta y más recientemente en 2008, las cosas se pueden poner verdaderamente feas y estos ataques y correcciones pueden realmente *estropear* los promedios.

Los buenos inversores conocen estas cifras y deberían sentirse bastante satisfechos con un 5 por ciento de crecimiento y algún pago puntual del orden del 2 por ciento. Es razonable esperar un poco más, pero, desde luego, un rendimiento del 20 por ciento al año de forma continuada no es una perspectiva realista.

Conózcase a sí mismo

Volvamos de nuevo a la analogía del *rafting* que expusimos al principio de este capítulo. Suponiendo que a usted le compensen los placeres que ofrece el *rafting*, ¿qué está dispuesto a arriesgar para disfrutar de dichos placeres? Si usted es una persona osada, probablemente no le importará caer al río de vez en cuando a cambio de la posibilidad de disfrutar de la emoción de la velocidad y de la acción. Caídas a cambio de emociones, ¿no es cierto?

Por otra parte, a la mayoría de practicantes de *rafting* no les importa remojarse de vez en cuando para disfrutar de la aventura, la camaradería y refrescarse en un día caluroso, pero lo que no quieren es ser arrojados de cabeza a unos rápidos de aguas heladas infestados de rocas. En el espacio inversor, la mayor parte de inversores están dispuestos a aguantar un día malo alguna que otra vez como parte del proceso de recogida de unas ganancias razonables y encontrar una acción ganadora alguna que otra vez, pero no se sienten cómodos arriesgando grandes sumas ni soportando penosos descensos a cambio de una posibilidad de doblar, triplicar o cuadruplicar su liquidez de la noche a la mañana.

Se trata de invertir, no de comprar y vender

Invertir no es (o no debería ser) sinónimo de apostar. Invertir es correr riesgos calculados y prudentes para obtener unos rendimientos razonables a lo largo del tiempo. El dinero caído del cielo de la noche a la mañana o a corto plazo es agradable, pero no es el objetivo a alcanzar. Por la misma regla de tres, los inversores no compran y venden esperando lograr unas ganancias a corto plazo. Eso es compraventa. Comprar y vender no es necesariamente especular, pero es jugar en el mercado tal como lo haría un profesional de la inversión en valores, comprando y vendiendo, vendiendo y comprando tratando de aprovechar una y otra vez las pequeñas oportunidades que ofrece la bolsa. Comprar y vender no es necesariamente negativo –si usted tiene el tiempo, la energía, los conocimientos y la experiencia para hacerlo–. Pero esta no es la actividad principal de los lectores de este libro. Este libro trata de los hábitos del inversor, no del operador profesional.

Así pues, ¿quién es usted como inversor? ¿Qué tipo de riesgos está dispuesto a correr? ¿Prefiere tener 5 euros en mano o bien un 10 por ciento de probabilidades de ganar 50 euros? Es importante saber lo que le hace sentirse realmente bien y, sobre todo, lo que le hace sentirse mal como inversor. Debe conocerse a sí mismo y permanecer dentro de su zona de confort como inversor. En caso contrario, puede acabar haciendo estupideces, como en el caso de la excursión de *rafting*. Si usted es el tipo de persona que prefiere evitar a toda costa caer fuera de la balsa, y de todos modos acaba cayendo, esto puede entorpecer su confianza y seguridad durante años, si no para siempre.

Usted puede evaluar su tolerancia al riesgo previendo lo que podría ocurrir en los mercados y cómo podría reaccionar usted. ¿Cómo manejaría un descenso del 10 por ciento del valor de sus inversiones? ¿Y un descenso del 20 por ciento? ¿Y un año como 2008 en el que la bolsa bajó un 38 por ciento, en su mayor parte en los últimos cuatro meses del año?

Sus experiencias pasadas le dirán algo acerca de su tolerancia al riesgo y de su perfil de riesgo. Cuando buscó empleo, pareja, un lugar para vivir o, de hecho, cualquier adquisición, ¿sopesó la posibilidad de obtener una recompensa mayor frente a un riesgo o incertidumbre importante? ¿O bien tiende a buscar la «apuesta segura», la elección más predecible a costa de un posible placer? Por supuesto, hay personas que están dispuestas a correr más riesgos desde una perspectiva social o de estilo de vida que con su dinero, por lo que este test no es una «apuesta segura» para determinar quién es usted como inversor.

Existen herramientas que ayudan a evaluar su perfil de riesgo como inversor. Miden su grado de disposición a arriesgarse a perder por la promesa de una ganancia mayor. A este respecto le recomiendo un breve test de la Rutgers University, disponible en *www.njaes.rutgers.edu/money/riskquiz/*. En el siguiente link tiene una ficha de la CNMV que le ayudará a conocer su perfil de riesgo: *http://www.cnmv.es/DocPortal/Publicaciones/Fichas/perfil.pdf*

Por supuesto, aparte de los buscadores de emociones fuertes o los jugadores habituales, nadie corre un riesgo a menos que haya un cierto premio en perspectiva. La recompensa de un rendimiento de un 7 por ciento, un 8 por ciento y hasta un 10 por ciento frente a la alternativa de dejar el dinero en el banco es sustancial y merece la pena. Así pues, parte del proceso de inversión consiste en comprender no solo la tolerancia al riesgo, sino también las recompensas que podrían producirse en caso de que lo asuma. En el *Hábito 2. Conozca y utilice las matemáticas básicas de la inversión*, le mostraré los sustanciales premios a obtener como consecuencia de ganar tan solo un poco más al año sobre su dinero.

Invierta lo que pueda permitirse perder

Si usted es un inversor que no quiere preocupaciones, solo puede arriesgar en el peor de los casos lo que pueda permitirse perder y mantendrá el resto de su artillería en forma de dinero, cuentas corrientes, vivienda, etc. Los inversores prudentes no deberían invertir hasta el extremo de recurrir a reservas de liquidez vitales (una casa, un coche o un fondo para financiar la educación), que deben utilizarse para los gastos imprescindibles del día a día.

Puede descubrir que es útil organizar sus inversiones (como describiré más adelante en el *Hábito 5. Segmente su cartera de valores*) en segmentos más pequeños. Por ejemplo, puede crear una pequeña reserva de capital de riesgo invertido para obtener rendimientos más altos que usted se pueda permitir perder sin grandes problemas; combinar estas inversiones con las efectuadas en otros segmentos de su cartera de mayor tamaño donde la generación de pérdidas es menos probable. Por ejemplo, el 10 por ciento del capital que usted podría permitirse perder sin mayores problemas está invertido de forma diferente que el del siguiente 20 por ciento. Perder esta parte mayor de su capital sería un poco más doloroso y, por tanto, lo invierte en acciones de menor riesgo.

Asegúrese de que todo el mundo esté involucrado

Los ejemplos que hemos dado hasta aquí se centran en usted como inversor individual. Esto está bien, si usted es el único individuo implicado y solo su capital está en riesgo. Pero la última vez que investigué el tema descubrí que la mayoría de personas en edad de invertir están casadas y/o tienen algún tipo de familia, es decir, que el dinero no es enteramente de una persona. A menos que usted sea declarado formalmente director general de las inversiones de su familia, compruebe los perfiles de riesgo y las preferencias de los otros miembros de la unidad familiar. Asegúrese de que están de acuerdo con los objetivos, es decir, los rendimientos que se consideran razonables y los riesgos que se pueden asumir para alcanzarlos.

Volveré a este punto más adelante. Aunque usted sea el director general de inversiones, sigue siendo una buena idea confirmar las cosas con el resto de la familia. Ustedes pueden tener ideas distintas acerca de lo que se puede permitir perder. En cualquier caso, si todo el mundo está al corriente de los objetivos y riesgos de la inversión, es bastante menos probable que sea arrojado al agua por algún miembro de la familia y su vida transcurrirá de forma menos problemática.

Adquiera el hábito

- Sepa lo que está tratando de lograr. Dígalo en voz alta, coméntelo con su familia y anótelo.

- Sepa lo que es realista esperar.

- Decida si se siente feliz cumpliendo, superando o permaneciendo ligeramente por debajo de los rendimientos del mercado, teniendo en cuenta los riesgos y las energías involucradas.

- Invierta lo que se pueda permitir perder.

Asegúrese de que todos los miembros de su familia están de acuerdo.

Hábito 2

Conozca y utilice las matemáticas básicas de la inversión

Matemáticas. Esta palabra evoca los sufrimientos y el aburrimiento general de la época colegial.

Y nos encontramos tan solo en el hábito 2. ¿Irá a peor a partir de aquí? Tranquilo. No hay por qué preocuparse. Ni ecuaciones que memorizar, ni deberes para casa ni exámenes sorpresa. Y además le prometo que voy a tratar de no citar más la palabra *matemáticas* en ninguno de los veintitrés hábitos restantes.

No obstante, como inversor, creo que es importante conocer y comprender unos cuantos principios matemáticos simples que le sirvan para elaborar su rumbo y filosofía de inversión y que le motiven a conseguir más logros. Estos principios llegarán a formar parte de su proceso de pensamiento automático –en realidad, un hábito– y facilitarán su comprensión de lo que está haciendo y por qué lo está haciendo.

Hablando claro: los buenos cocineros saben cómo utilizar el ajo en sus guisos pero ignoran la química del dialil disulfuro, su principal ingrediente activo. No le voy a aburrir con detalles algebraicos, solamente con los resultados. Estos principios matemáticos son su *ajo*. Los utilizará una y otra vez sin necesidad de desarmarlos. Tal como dijo Warren Buffett en una ocasión, «si para ser un gran inversor fueran necesarios el cálculo y el álgebra, yo tendría que volver a repartir periódicos».

«El descubrimiento matemático más importante de todos los tiempos»

La primera parada de nuestro breve viaje matemático es el concepto de *interés compuesto*. Empieza cuando una inversión obtiene un rendimiento en un año determinado. En lugar de retirarlo, este rendimiento sigue allí invertido o bien reinvertido en otra parte y junto con la inversión original producirá un futuro rendimiento.

Supongamos, por ejemplo, que usted invierte 1.000 euros y gana 50 euros sobre dicha inversión el primer año, es decir, un 5 por ciento. Reinvierte estos 50 euros o bien en la misma inversión o en otra que también le produzca el 5 por ciento. Al final del segundo año, usted no solo ganará 50 euros sobre los 1.000 originalmente invertidos sino también 2,50 euros sobre los 50 ganados el primer año. Tendrá entonces 1.102,50 euros: los 1.000 euros originales más los 50 euros ganados cada año, más los 2,50 euros devengados sobre los 50 euros que ganó el primer año.

Supongamos ahora que usted dispone de más dinero para invertir y de mucho más tiempo que dos años, para permitir que estos rendimientos generen aún más dinero a medida que pasa el tiempo. Usted gana ahora un 5 por ciento sobre los 52,50 euros desde el primer año, más los 50 euros del segundo año, y así sucesivamente. De hecho, después de cinco años, usted llegaría a ganar sobre estos primeros 50 euros no tan solo el 5 por ciento sino el equivalente al 27 por ciento de dicha suma, aproximadamente 13 euros. Tendría cuatro años de ganancias compuestas sobre los segundos 50 euros, tres años sobre los terceros 50 euros y así sucesivamente. De hecho, su inversión original habría aumentado en total hasta los 1.276 euros: los 1.000 originales más los 50 euros nominales o el 5 por ciento devengado cada año, más el interés compuesto.

De acuerdo, tal vez esto aún no le entusiasme, y lo que viene a continuación tal vez prolongue un poco más el dolor. Pero verá cómo se pone interesante dentro de un minuto. Es el momento de hablar de fórmulas, de una fórmula básica de inversión que todo el mundo debería conocer, pero que no tendrá que calcular diariamente cuando lea las páginas de bolsa de la prensa. Se lo prometo. El concepto es lo importante (sé que tampoco le convencía esta frase cuando se la decía su profesor de matemáticas).

De todos modos, ahí va: el valor futuro de una suma invertida, es decir, el valor al cabo de n años, será igual al valor actual (la suma invertida hoy) multiplicado por $(1+i)^n$, dónde i es la tasa de rendimiento o interés, el 5 por ciento del ejemplo anterior, y el exponente n es el número de años.

Crecimiento compuesto de 100.000 euros

Número de años	1	2	5	10	15	20	25	30	40
1,0%	101.000	102.010	105.101	110.462	116.097	122.019	128.243	134.785	148.886
2,0%	102.000	104.040	110.408	121.899	134.587	148.595	164.061	181.136	220.804
3,0%	103.000	106.090	115.927	134.392	155.797	180.611	209.378	242.726	326.204
4,0%	104.000	108.160	121.665	148.024	180.094	219.112	266.584	324.340	480.102
5,0%	105.000	110.250	127.628	162.889	207.893	265.330	338.635	432.194	703.999
6,0%	106.000	112.360	133.823	179.085	239.656	320.714	429.187	574.349	1.028.572
7,0%	107.000	114.490	140.255	196.715	275.903	386.968	542.743	761.226	1.497.446
8,0%	108.000	116.640	146.933	215.892	317.217	466.096	684.848	1.006.266	2.172.452
9,0%	109.000	118.810	153.862	236.736	364.248	560.441	862.308	1.326.768	3.140.942
10,0%	110.000	121.000	161.051	259.374	417.725	672.750	1.083.471	1.744.940	4.525.926
11,0%	111.000	123.210	168.506	283.942	478.459	806.231	1.358.546	2.289.230	6.500.087
12,0%	112.000	125.440	176.234	310.585	547.357	964.629	1.700.006	2.995.992	9.305.097
13,0%	113.000	127.690	184.244	339.457	625.427	1.152.309	2.123.054	3.911.590	13.278.155
14,0%	114.000	129.960	192.541	370.722	713.794	1.374.349	2.646.192	5.095.016	18.888.351
15,0%	115.000	132.250	201.136	404.556	813.706	1.636.654	3.291.895	6.621.177	26.786.355

Figura 2.1. Crecimiento de una inversión de 100.000 euros a interés compuesto

$$\text{Valor Futuro (VF)} = \text{Valor Actual (VP)} \times (1 + i)^n$$

Así pues, en nuestro ejemplo, invertimos 1.000 euros (VA) al 5 por ciento (*i*) durante 5 años (*n*). Matemáticamente, esto es 1.000 euros × 1,05 × 1,05 × 1,05 × 1,05 × 1,05 = 1.276 euros.

Vaya negocio, podría decir usted. Un espeluznante exponente y una fórmula que permite acabar con 26 euros más que con el interés simple que genera 50 euros cada año. Aquí es donde entra en escena la «fuerza» del exponente, la fuerza que llevó a Albert Einstein a denominar al interés compuesto el descubrimiento matemático más importante de todos los tiempos.

He aquí la clave. Si usted deja en funcionamiento la máquina del interés compuesto durante, por ejemplo, quince, veinte, treinta o incluso cuarenta años, los resultados pueden ser asombrosos, sobre todo si la tasa de interés es relativamente elevada. Para ilustrar lo que estamos diciendo, veamos la siguiente figura donde se muestra lo que sucede a 100.000 euros invertidos durante *n* años a una tasa de rendimiento o interés *i*.

Tal vez disfrute yo ahora de su atención incondicional y tal vez advierta usted ahora la magia. Incluso puede que llegue a la conclusión de que estas matemáticas de la inversión no están tan mal.

Eche un vistazo a lo que ocurre a esos 100.000 euros invertidos a un interés del 5 por ciento anual. En el primer año, valen 105.000 euros –no es una sorpresa, ¿verdad?–. ¿Pero qué ocurre después de 15 años? Se doblan y después de cuarenta años ascienden a más de cuatro veces la inversión original. Y esto sin añadir un solo céntimo al capital inicial, sino simplemente permitiendo que el rendimiento anual vaya acumulándose año tras año a la inversión original.

No hace falta que se imagine lo que ocurre si obtiene un rendimiento de sus inversiones algo más elevado. Lo tiene frente a usted en la figura 2.1. ¿Un rendimiento del 15 por ciento durante cuarenta años? Su inversión –esquina inferior derecha– ascendería a más de 26 millones de euros. A propósito, esto ejemplifica el modo en que Warren Buffett llegó a convertirse en el segundo americano más rico (sus inversiones de Berkshire Hathaway le han proporcionado un rendimiento superior al 30 por ciento anual durante cuarenta años).

Ya puede imaginar lo que sucedería si añadiera algunos ahorros cada año a los 100.000 euros en lugar de dejar que estos sigan su curso. Ahorrar, invertir, crecer. Usted puede ver su fuerza. Piense en ello cada vez que trabaje en sus inversiones.

Por unos pocos euros más

En el apartado anterior dejé caer una sutil insinuación: incluso superando ligeramente el rendimiento del mercado se puede obtener una gran cantidad de dinero *a largo plazo,* a causa del interés compuesto. Si analiza con mayor detalle la figura 2.1, verá que con un rendimiento del 6 por ciento, en lugar del 5 por ciento, durante, por ejemplo, quince, veinte o treinta años se acumula un patrimonio mucho mayor. Ganaría casi 140.000 euros más (574.349 euros frente a 432.194 euros), lo cual no está nada mal por un 1% de rendimiento más con respecto a la tasa de rendimiento del «mercado» del 5 por ciento.

Examinaremos más detenidamente en la figura 2.2 qué ocurre si se supera al mercado en un uno, dos, tres, cuatro o cinco por ciento a lo largo del tiempo.

Número de años	1	2	5	10	15
Rendimiento del mercado: 5%	105.000	110.250	127.628	162.889	207.893
Superación del mercado en:					
1%	106.000	112.360	133.823	179.085	238.656
2%	107.000	114.490	140.255	196.715	275.903
3%	108.000	116.640	146.933	215.892	317.217
4%	109.000	118.810	153.862	236.736	364.248
5%	110.000	121.000	161.051	259.374	417.725

Número de años	20	25	30	40
Rendimiento del mercado: 5%	265.330	338.635	432.194	703.999
Superación del mercado en:				
1%	320.714	429.187	574.349	1.028.572
2%	386.968	542.743	761.226	1.497.446
3%	466.096	684.848	1.006.266	2.172.452
4%	560.441	862.308	1.326.768	3.140.942
5%	672.750	1.083.471	1.744.940	4.525.926

Figura 2.2. ¿Qué ocurre cuando el rendimiento es superior al del mercado?

En la figura 2.2 se puede ver claramente lo que ocurre cuando se obtiene el rendimiento base del mercado y lo que ocurre si se rebasa dicho rendimiento en unos pocos puntos de porcentaje a lo largo del tiempo. Si se supera al mercado en tan solo un 3 por ciento, en un plazo de treinta años el capital original pasa de 432.194 euros a más de 1 millón de euros.

Por supuesto, todo esto suena magnífico si usted puede esperar treinta años y si puede obtener un rendimiento de sus inversiones del orden del 8 por ciento. Incluso si no puede, las recompensas potenciales por ganar un poco más son sustanciales. Como inversor, tratar de obtener un poco más que el rendimiento del mercado —no un 10, un 20 o un 50 por ciento más como muchos inversores (o más bien especuladores) intentan— es crear un buen hábito de inversión y bien remunerado. Incluso un uno o un dos por ciento de más significa mucho.

Por unos cuantos euros menos

Acabamos de analizar los beneficios de invertir para ganar tan solo un poco más que lo que ofrece el mercado. Por supuesto, la proposición contraria también es cierta. Un ligero exceso de conservadurismo le puede costar unos cuantos puntos de porcentaje de rendimiento. Sin duda, dormirá a pierna suelta por la noche, ¿pero qué ocurre a largo plazo? Veamos al respecto la figura 2.3.

¿Qué ocurre ahora cuando usted gana, por ejemplo, solo un 3,5 por ciento a lo largo del tiempo cuando resulta que el mercado en su conjunto obtiene un rendimiento del 5 por ciento? Acabará con un montante de 280.679 euros después de treinta años cuando el mercado lo hará con 432.194 euros. Sin duda, dormirá mejor por la noche y esa es una decisión que solo usted puede tomar. Pero conlleva un coste.

De la figura 2.3 puede vislumbrar otras dos verdades adicionales:

- Incluso unos pocos años de rendimientos negativos pueden hacer descarrilar el tren del interés compuesto.
- El coste de los honorarios de gestión —para los fondos de inversión o para los asesores financieros privados u otros gestores de inversiones— puede ser importante a lo largo del tiempo. Pagar a un fondo o a un asesor un 1 por ciento del valor del activo cada año equivale a disminuir el rendimiento anual en un 1 por cien-

Número de años	1	2	5	10
Rendimiento del mercado: 5%	**105.000**	**110.000**	**127.628**	**162.889**
Inferior al mercado en:				
0,5%	104.500	109.203	124.618	155.297
1,0%	104.000	108.160	121.665	148.024
1,5%	103.500	107.123	118.769	141.060
2,0%	103.000	106.090	115.927	134.392
2,5%	102.500	105.063	113.141	128.008

Número de años	15	20	25	30	40
Rendimiento del mercado: 5%	**207.893**	**265.330**	**338.635**	**432.194**	**703.999**
Inferior al mercado en:					
0,5%	193.528	241.171	300.543	374.532	581.636
1,0%	180.094	219.112	266.584	324.340	480.102
1,5%	167.535	198.979	236.324	280.679	395.926
2,0%	155.797	180.611	209.378	242.726	326.204
2,5%	144.830	163.862	185.394	209.757	268.506

Figura 2.3. ¿Qué ocurre cuando el rendimiento es inferior al del mercado?

to, lo cual puede costarle unos 13.500 euros después de 15 años (193.528 euros menos 180.094 euros). Eso no quiere decir que sea una mala idea sino que debería conocer y entender cuál es el verdadero coste.

Cálculo rápido: la regla del 72

Tal como se ha dicho anteriormente, ningún inversor entiende o aplica el principio del interés compuesto en mayor grado y con más éxito que Warren Buffett. Sin embargo, según se dice, él (y muchos otros inversores) realiza la mayoría de cálculos de inversión sin recurrir a una calculadora. ¿Es que posee un cerebro de 2 gigahercios capaz de hacer múltiples cálculos exponenciales antes de que usted pueda decir Coca-Cola? No es probable. No queremos decir que siendo una mente privilegiada no sea capaz de hacer unos cuantos cálculos rápidos a toda máquina. Pero no los hace, sino que utiliza una de las reglas generales de la inversión de más utilidad, tal vez de todas las matemáticas en general, como atajo computacional. Nos referimos a la regla del 72.

Aunque usted odie las matemáticas, convertirá la regla del 72 en uno de sus hábitos de inversión favoritos. Le ayudará a hacer un montón de cosas y además sorprenderá a la gente en la próxima fiesta a la que asista.

La regla del 72 está basada en las matemáticas del interés compuesto. Con ella usted podrá estimar dos cosas con rapidez y precisión: (1) la tasa de rendimiento necesaria para doblar una suma de dinero en un periodo de tiempo determinado, o (2) el periodo de tiempo necesario para doblar una determinada suma a una cierta tasa de rendimiento. En términos más sencillos: si usted conoce la tasa de rendimiento, puede calcular el periodo de tiempo, y si conoce el periodo de tiempo, puede calcular la tasa de rendimiento aproximada:

- El número de años necesario para doblar una inversión a una determinada tasa de rendimiento:
  = 72 dividido por la tasa de rendimiento
- La tasa de rendimiento necesaria para doblar una inversión a lo largo de un número determinado de años:
  = 72 dividido por el número de años

Veámoslo más claramente con una serie de ejemplos:

- A una tasa de rendimiento del 12 por ciento hacen falta seis años para doblar la inversión original (72 dividido por 12).
- Para doblar su dinero en ocho años, debe obtener una tasa de rendimiento del 9 por ciento (72 dividido por 8).
- A una tasa de rendimiento del 10 por ciento, ¿cuántos años hacen falta para cuadruplicar el capital original? Respuesta: se dobla en 7,2 años (72 dividido por 10), por tanto, se doblará en el doble de dicho tiempo o 14,4 años.
- Si su mejor amigo alardea de que ha adquirido una casa por 150.000 euros que ahora vale 600.000 euros y ha disfrutado de ella durante 10 años, ¿cuál es la tasa de rendimiento? Respuesta: se ha doblado dos veces (de 150.000 euros a 300.000 euros y luego a 600.000 euros) en diez años, o sea una vez cada cinco años. Por tanto, 72 dividido por 5 es igual a una tasa de retorno o interés

compuesto del 14,4 por ciento. No está mal, pero como inversor perspicaz usted podría haber batido a su amigo en la bolsa, por no hablar de impresionarle haciendo este cálculo mentalmente sin calculadora.

Calcule correctamente las tasas de rendimiento

¿Cuál es exactamente la tasa de rendimiento de una inversión? Depende de cómo se calcule. Eche un vistazo al ejemplo que acabamos de exponer de la regla 72. Su amigo presumía de haber comprado una casa por 150.000 euros y de haberla vendido 10 años más tarde por 600.000 euros. Él o ella podrían haber proclamado una tasa de rendimiento del 300 por ciento y, como se había producido en un plazo de 10 años, alardear de un rendimiento medio anual del 30 por ciento. Aparentemente, es correcto.

Pero cuando se evalúa la adquisición de una vivienda como inversión (en comparación con otras inversiones), se debe incluir el efecto del interés compuesto para una comparación precisa de «manzanas con manzanas». Si esos 150.000 euros se hubieran invertido hace diez años, ¿qué tasa de rendimiento habría generado 600.000 euros? Utilizando la regla del 72, la tasa de rendimiento o crecimiento anual acumulado es del 14,4 por ciento, no del 30 por ciento. Esta cifra no es mala, pero hay que compararla con otras tasas de rendimiento o interés compuesto de otras inversiones a las que se pueda tener acceso, así como con los riesgos inherentes a dichas inversiones.

En el hábito 1 introdujimos el concepto de la tasa de rendimiento a largo plazo del 5,1 por ciento, es decir, una tasa de retorno o crecimiento anual acumulado o compuesto, que asume implícitamente que los rendimientos anuales son reinvertidos. El cálculo es similar al del rendimiento del 14,4 por ciento sobre la casa, que como todos sabemos es altamente improbable en el mercado inmobiliario actual.

Bien, la clase ha terminado. Tal vez le ha interesado de verdad o tal vez he conseguido que desconecte (en cualquier caso, está invitado a quedarse después de la clase para borrar la pizarra). Incluso sin haber entrado en los detalles, si ha captado la importancia del interés o rendimiento compuesto como concepto, y cómo un poco más de rendimiento a lo largo de un periodo un poco más largo puede realmente ser de utilidad para sus inversiones, a partir de ahora se situará en cabeza en el juego de las inversiones.

Adquiera el hábito

- Recuerde siempre la fuerza del interés o rendimiento compuesto.

- Procure ganar unos cuantos euros más.

- Sepa cuál es el verdadero coste de la gestión profesional y cuáles son las comisiones que cobran los fondos de inversión.

- Practique la regla del 72. Es práctica y también podrá impresionar a sus amigos.

- Piense en términos de tasas de rendimiento o interés compuesto. Es más conservador y más realista.

Hábito 3

Consiga la información adecuada
en la cantidad adecuada

Los inversores que tienen éxito basan sus inversiones en la información. Esto es algo que no es difícil de entender, ya que las inversiones que no están basadas en la información no son nada más que meras conjeturas.

El inversor altamente efectivo (o cualquier otro tipo de inversor que se distinga de un adivinador o de un jugador) vive sintonizado al mundo financiero y de los negocios. Para ustedes, los lectores de *Los 25 hábitos de los inversores altamente eficaces*, invertir no es una ocupación a jornada completa. Probablemente, ni de lejos.

Por tanto, es crucial estar en sintonía con los acontecimientos, resultados y análisis que surgen de las compañías, o de su alrededor, que usted podría o desea poseer, del mundo empresarial y de la economía en general. Usted tiene que estar al día de las noticias destacadas e importantes –y de algún artículo en profundidad de vez en cuando– que estén próximas a sus centros de interés. No debe tener sorpresas. Además, debe tener acceso a la información necesaria cuando llegue el momento de hacer una investigación más a fondo; por ejemplo, cuando quiera incorporar las acciones de una determinada compañía a su cartera de valores.

Sepa lo que necesita saber

La información relativa a las inversiones viene en multitud de tamaños y formas procedente de multitud de medios de comunicación y fuentes. Oscilan desde los venerables y especializados periódicos económicos a otras fuentes más tangenciales como las noticias económicas de la prensa general, la información de las propias compañías o incluso los comentarios de un colega de trabajo.

La clave es saber lo que necesita y sintonizarse a ello de modo que pueda captar lo suficiente sin ser arrollado por el torrente informativo característico de la Era de la Información actual.

Cuando pasemos a la *Parte II* y a *la Parte III* de *25 hábitos*, donde trataremos de hábitos más concretos relativos a la adquisición y posesión de inversiones, verá más claramente cuáles son las informaciones específicas que debería buscar. Por el momento, baste decir que hay cinco tipos básicos de información. Sus otros hábitos de inversión, a medida que los adopte y perfeccione, determinarán los tipos específicos.

1. *Tendencias económicas.* ¿Qué pasa en la economía global que pueda afectar directa o indirectamente a sus inversiones? Los informes relativos a empleo, tipos de interés, problemas de deuda, crisis políticas y bancarias, afectarán a sus inversiones en conjunto. Cuando las noticias no sean buenas es posible que usted adopte una actitud más defensiva o se tome un respiro. Las noticias de alcance mundial también pueden afectar a las decisiones de inversión individuales. Por ejemplo, la recesión y la crisis bancaria europea afectarán a las compañías de Estados Unidos que destinen una proporción importante de sus productos y servicios al mercado europeo.

2. *Tendencias sectoriales.* Si usted está invirtiendo en el sector alimentario, químico, automovilístico o de defensa es muy conveniente que esté atento a las últimas noticias nacionales e internacionales que afecten a dichos sectores. En algunos de ellos, como el de la preparación de alimentos o el de las líneas aéreas, es obligado mantenerse al tanto de lo que ocurre en sectores adyacentes que influyen en su rendimiento, por ejemplo, la agricultura y los precios agrícolas por lo que respecta al sector del procesamiento de alimentos y a la energía y los precios del petróleo por lo que respecta a las líneas aéreas.

3. *Información financiera.* Como explicaré más adelante en la *Parte II*, usted necesita acceder a los datos y estados financieros de las compa-

ñías para tomar las decisiones adecuadas respecto a si debe adquirir o mantener acciones de una determinada compañía. Los ingresos, gastos, beneficios, flujos de caja, activos y pasivos describen ampliamente lo que usted debe buscar. Necesitará acceder a las últimas noticias así como a la historia y las tendencias históricas.

Las noticias emitidas por las compañías y las del mercado no son exactamente lo mismo

Si usted pregunta a alguien o busca noticias sobre una compañía en particular, a menudo se encontrará con artículos que destacarán el precio de la acción y los movimientos más recientes. «La compañía XYZ llegó a su máxima cotización anual y se ha negociado en el rango de los 26 a 42 euros... bla, bla, bla.» Podrá ver un montón de cotizaciones, gráficos, historia de precios, análisis técnico de los movimientos de las cotizaciones, etc. ¿Es esto lo que anda buscando cuando se trata de las informaciones económicas y financieras de una compañía? No, pero es más fácil escribir sobre ello. Con ello queremos mostrarle que Internet está lleno de artículos carentes de sentido y de sitios web que se centran en lo que le está ocurriendo a una compañía como *valor mobiliario* o *acción* a diferencia de lo que le está ocurriendo como *empresa* o *negocio*.

Aprenda a distinguir entre las dos.

1. *Información cualitativa.* Me refiero a las características más intangibles de una compañía, como marca, posición y dinámicas de mercado (el mercado real, no el mercado bursátil), gestión y liderazgo, percepción pública y diversos puntos fuertes y débiles sutiles que sirven de indicadores del futuro (en tanto que los hechos económicos y financieros describen sobre todo el pasado).

2. *Análisis.* La mayoría de los puntos anteriores están dirigidos hacia un «riego por goteo» continuo de hechos y puestas al día que, como inversor prudente, le mantendrán al tanto de lo que está sucediendo. Cuando vaya de compras con la intención de añadir alguna acción a su cartera de valores, haga un análisis periódico de sus inversiones (*Hábito 25*). Le hará falta un análisis más detallado de las empresas, basado en parte en sus propias fuentes, de datos, cifras e información cualitativa, pero sobre todo amplificado por los análisis rigurosos y los datos de profesionales. Los inverso-

res prudentes complementarán sus propios análisis con los de los profesionales; como veremos en breve, el *Value Line Investment Survey* aporta mucha información en un formato conciso de gran utilidad.

¿Por qué se debe utilizar un análisis de inversiones profesional?

Tal como acordamos al comienzo de este libro, usted es un inversor individual que se ocupa de sus propias inversiones, y es una persona suficientemente inteligente para tomar sus propias decisiones de inversión. Dicho esto, no debería pasar por alto los consejos de los profesionales, en especial de los que tengan buena reputación y sean imparciales (es decir, que no tengan que ver con operaciones de intermediación o corretaje). Esto, por dos razones principales: (1) para ahorrar tiempo y (2) porque, nos guste o no nos guste, a pesar de lo que podría sugerir el mundo ideal, no todo lo que hay que saber sobre una compañía es fácilmente accesible al público. Los buenos analistas profesionales tienen contactos dentro de las compañías que responderán a preguntas concretas que usted, como inversor individual, jamás tendría posibilidad de hacer.

Se trata de un equilibrio

Hemos determinado que usted no es un inversor profesional. No dispone del tiempo, presupuesto, nervios ni estómago para pasarse dieciséis horas diarias pegado a los medios de comunicación financieros y otros servicios de inversiones para poder conocer de arriba abajo todas las noticias empresariales y de mercado que se generan ininterrumpidamente. Tiene que ser prudente e inteligente y no ahogarse en la sobrecarga de información que inevitablemente resultaría por estar *demasiado* conectado.

Todos los inversores tendrán que recurrir, como un hábito, a diversas fuentes de información y a diferentes rutinas de recogida de información. La idea es no hacerse con un exceso de información ni con demasiado poca, sino la cantidad justa. Lo suficiente para estar informado y los medios suficientes para entrar más a fondo cuando sea necesario, por ejemplo, cuando algo importante esté sucediendo. *Pero no demasiado.*

¿Por qué digo que no demasiado? Porque acabaría agotado. No solo eso. Si abarca demasiado, es posible que las cosas importantes no destaquen tanto como deberían. Con el tiempo aprenderá a leer con mayor frecuencia sobre las compañías y los sectores dinámicos de su cartera. Descubrirá dónde aparecen periódicamente las noticias generales del mercado y las específicas de las compañías y dónde la frecuencia es menor, tal vez semanalmente en lugar de diariamente. Averiguará dónde encontrar información relativa a compañías y sectores de actividad más estables de su cartera, por ejemplo el sector alimentario.

Recuerde que menos suele ser más. Si aprende a concentrarse en unas pocas fuentes de información y las consulta regularmente, es probable que saque más partido de ellas.

El fondo de la cuestión es disponer de un conjunto de fuentes de información coherente y fiable, y una rutina de actuación que nos permita aprovecharlas al máximo. En un momento determinado deberá acceder a nuevas fuentes, pero en todos los casos debe ir en busca del valor, es decir, la máxima rentabilidad para el tiempo que dure la inversión.

Lecturas periódicas y otras fuentes

Sin entrar en los detalles concretos de cada fuente o medio de comunicación, veamos a continuación una lista de algunas de las mejores fuentes de información agrupadas por categoría.

- Tendencias económicas generales:
  — *Actualidad Económica*
  — *Bolsamanía* (solo *online*)
  — *Cinco Días*
  — *El Economista*
  — *Expansión*
  — *Financial Times*
  — *Invertia* (solo *online*)
  — *L'Econòmic*
  — *Wall Street Journal*
  — *New York Times* (la sección de economía, sobre todo los domingos)
  — *Nightly Business Report (PBS)*
  — *Morning Edition,* especialmente *Business News (NPR)*
  — *The Economist*
  — Portales financieros como Yahoo! Finance (*finance.yahoo.com*), Google Finance (*google.finance.com*)

- Tendencias sectoriales:
  — *Wall Street Journal,* sobre todo la sección *Marketplace.*
  — *Business Week* y otras revistas/portales de noticias.
  — Publicaciones sectoriales. Tiene a su disposición todo un surtido de revistas y boletines informativos mensuales, algunos semanales, dirigidos a los profesionales de cada sector: *Design News* para el sector tecnológico (*www.designnews.com*), *Automotive Week* (*www.automotive.com*) para el sector del automóvil, por citar dos publicaciones sectoriales. Simplemente, haga una búsqueda en el sector «XYZ». Se sorprenderá de saber cuántos de ellos son gratuitos, aunque sí es cierto que es posible que tenga que pagar para acceder a las mejores fuentes de información sectoriales.
  — «Amigos inteligentes» ¿Tiene un amigo o familiar en la empresa en cuestión? Esta es una excelente fuente para captar ideas, aunque debe tener presente que de vez en cuando dicha fuente puede ser parcial o puede estar restringida por requisitos de confidencialidad. Dicho esto, si usted tiene un amigo en el sector de semiconductores, podría ser un elemento muy útil para captar las últimas tendencias del sector y entender los aspectos económicos, por ejemplo, de las memorias dinámicas de acceso aleatorio (DRAM), las unidades híbridas de estado sólido (SSHD) u otros artículos específicos del sector.
  — Observaciones de la calle. Lo que usted vea día tras día en la calle, puede ser a menudo una señal de lo que está ocurriendo en un sector determinado. Grandes rebajas o campañas promocionales (por ejemplo, «financiación al cero por ciento de interés»), pueden indicar una cierta debilidad en el sector; así como largas colas y grandes multitudes pueden indicar justamente lo contrario (¿ha estado en una tienda de Apple últimamente?).

- Información económica y financiera:
  — Portales financieros y páginas de informes financieros.
  — Sitios web. La mayoría de compañías han mejorado mucho por lo que respecta a la publicación *online* de sus informes financieros importantes (bajo el título «Relaciones con los inversores» u otro similar). Busque los informes anuales (en general, en formato PDF) y los documentos trimestrales y anuales, así como las presentaciones de conferencias para inversores.
  — Teleconferencias. Escuche lo que la compañía tiene que decir sobre sí misma, cuándo presenta sus beneficios y otros datos económicos y

financieros (y un montón de información sobre activos intangibles).

— Sitios web de agencias de valores. Podrá encontrar resúmenes financieros en alguna de las secciones de dichos sitios web.

— Análisis. Los resúmenes de bancos de inversión y de otros servicios de estudios Value ofrecen excelentes resúmenes financieros, mejorados en ocasiones por sus propias opiniones con respecto a lo que es consecuente y sistemático a lo largo del tiempo como base informativa en cuanto a beneficio por acción, por ejemplo descontando o incluyendo los cargos únicos no recurrentes.

• Información cualitativa. Muchas de las fuentes son las mismas que se han citado en el apartado *Tendencias sectoriales*, solo que en este punto los artículos pueden referirse en mayor medida a compañías concretas. Examine (y escuche) además:

— Sitios web de compañías. ¿Cómo se ve la compañía a sí misma?, ¿cómo se presenta a sí misma?

— Presentaciones de compañías a analistas y conferencias para inversores (vea de nuevo el sitio web de la compañía).

— Teleconferencias de compañías. Preste atención no solo a los hechos y los datos económicos y financieros, sino también al tono y estilo de dirección, a pequeños matices y cambios en la estrategia de negocio, al mensaje que hay detrás de las cifras. Las razones por las que fueron o no fueron bien las cosas en el pasado y una visión del futuro.

— La voz de la calle. Cómo ve el público en general (clientes, socios del canal, como detallistas, etc.) a una compañía puede aportar mucha información.

• Análisis:

— *Value Line* sigue siendo la mejor fuente de información que conozco para el inversor individual. La cuota de suscripción está ligeramente por encima de los 500 euros al año, pero también suele encontrarse (cada vez menos, es cierto) en bibliotecas u oficinas de agencias de valores. (Considere la posibilidad de compartirla con un inversor/amigo.)

— Análisis de las agencias de valores. La mayoría de agencias de valores *online* tienen una sección de investigación y dentro de dichas secciones hay informes recopilados por analistas retribuidos, de dentro o de fuera de la compañía. Evite los informes que hayan quedado anticuados; muchos de ellos inducen también al lector a emprender acciones que están en línea con la parcialidad de la agencia de valores. Aunque es cierto que esto ha mejorado en los últimos años, las recomendaciones de «comprar» superan a las otras opciones de forma sustancial. Las recomendaciones de las firmas bursátiles suelen tender también a reflejar lo que ya ha pasado en vez de lo que pasará; muchas recomendaciones de «comprar» se producen bastante después de que una acción haya mostrado su mejor trayectoria. Tenga cuidado.

Lo que debe evitar

Después de la descripción del análisis de las agencias de valores ofrecido en el último punto del apartado anterior, es probable que no le sorprenda el título de esta sección. En realidad, la mayoría de las principales fuentes de información son bastante buenas; usted tan solo tendrá que navegar a través de ellas y experimentar para descubrir las que le ofrecen el mejor valor de acuerdo con el horizonte de tiempo y la suma a invertir.

Como norma, yo evito la mayoría de lo que veo en los sitios web de las agencias de valores y evito el torrente de artículos escritos para los sitios web menos conocidos como *Wall Street Cheat Sheet* y otros, que o bien repiten historias que se pueden encontrar en otros sitios web o le sumergen en una información de escasa utilidad, como volumen negociado, banda de fluctuación de la acción y si durante la última semana la cotización ha superado su media móvil de 200 días. *Seeking Alpha* es el único de estos sitios web que consulto ocasionalmente, aunque algunos de sus artículos parecen escritos por inversores poco experimentados.

Busque las noticias, evite el ruido.

Lo que de verdad es eficaz para usted...

... es lo que es eficaz para mí pero no necesariamente lo que será eficaz para todo el mundo. Personalmente, consulto uno de los portales financieros (Google Finance) varias veces al día durante las horas de trabajo y de vez en cuando durante el fin de semana. A través del portal sigo algunas de las noticias, sobre todo las que proceden de fuentes de confianza como *Forbes* o de servicios de noticias como Reuters que se encuentran en el portal. Leo el *Wall Street Journal* cuando puedo. *The Economist* se convirtió en una publicación muy densa, pero estoy considerando volver a la lectura de sus valiosos análisis sobre la economía mundial y de vez en cuando sobre sectores de actividad específicos. Me gusta acceder a los sitios web de las compañías. Tengo a *Value Line* a mi disposición para análisis más detallados y sus resúmenes semanales. Escucho las teleconferencias (o leo las transcripciones) de la mayoría de las compañías de las que tengo acciones.

Evito las historias que tratan más de mercados que de compañías y dedico una hora diaria, casi siempre por la mañana, a mantenerme al tanto de las últimas noticias.

Usted establecerá su propia rutina y no será exactamente como la mía.

Adquiera el hábito

- Decida el tiempo de que dispone y que quiere dedicar a mantenerse informado.

- Piense en lo que necesita o quiere de las cinco categorías siguientes: tendencias económicas generales, tendencias sectoriales, información económica y financiera, información cualitativa y análisis.

- Revise las fuentes de información en cada una de las categorías y selecciónelas en base al valor que ofrecen.

- Revise de vez en cuando las opciones de que dispone, descarte las que no aporten gran cosa, pruebe otras para ver si le convienen.

- Acceda a redes de contacto informales (amigos, familiares y personas de dentro del sector).

- Comparta sus fuentes de información con otros inversores y amigos, para reducir costes o para potenciar el tiempo respectivo dedicado a la búsqueda de información.

Hábito 4

Descubra su nivel óptimo de diversificación

«La diversificación es para las personas que no saben lo que están haciendo.»

¿Sabe quién dijo esto? Le daré una pista muy buena. Sí, en efecto, es el inversor de más éxito de toda la historia: Warren Buffett.

¿Con todo lo que ha leído y escuchado a lo largo de los años, no creería ahora que el inversor de mayor éxito del mundo, de hecho, depende en gran medida de la diversificación? ¿No pensaría que Buffett quería «cubrir todos los frentes» y reducir el riesgo de un cataclismo en su cartera de acciones?

Bien, según parece, no. De hecho, es un inversor tan competente que cree que no necesita diversificar solo para reducir el nivel de riesgo. La mayoría de los mortales difícilmente podremos reivindicar que somos tan buenos y, por tanto, sentimos la necesidad de diversificar en cierto grado, para no poner todos los huevos en el mismo cesto o en una serie de cestos de riesgo. Y, de hecho, Buffett, también lo hace: posee varias compañías en diferentes sectores con diferente perfiles de riesgo.

Pero él también diría que si se diversifica por diversificar lo más probable es que se diluyan los rendimientos en lugar de mejorarlos. Probablemente, este tipo de estrategia será más beneficiosa para los asesores financieros que ganan dinero con el dinero de usted.

La diversificación inteligente significa adoptar algunas medidas para reducir el riesgo, sin diluir los rendimientos. Significa que no hay que diversificar por la pura diversificación. Significa además:

51

- No comprar un fondo de inversión ni un fondo cotizado en bolsa con 1.800 valores en su cartera que, inevitablemente –matemáticamente– solo generará rendimientos iguales al mercado o algo inferiores después de deducir los gastos de gestión o transacción.
- No comprar un número excesivo de acciones, en gran parte por la misma razón.
- No diversificar tan solo por tipo de activo (por ejemplo, acciones, bonos, liquidez, materias primas), sino hacerlo de forma inteligente dentro de la misma clase.
- No adquirir fondos que se superpongan, donde las acciones de ambos sean similares.

La paradoja de la diversificación

Casi todos los medios de comunicación sectoriales y las opiniones de los «expertos» sobre inversiones comienzan con el mismo inmaculado e irrefutable principio, presentado como si fuera un evangelio: diversifique. Una versión más larga del mismo principio dice algo parecido a esto: el inversor prudente buscará siempre formas de diversificar su cartera adquiriendo múltiples acciones y fondos de distintos sectores. De ese modo, el riesgo se minimiza y hay más posibilidades de lograr rendimientos similares a los del mercado.

De acuerdo, no está mal. La mayoría de inversores están satisfechos con algo que, como mínimo, esté próximo a los rendimientos del mercado y, además, la mayoría de ellos quiere dormir plácidamente por la noche. La parte del principio que dice «más posibilidades de lograr rendimientos similares a los del mercado» es realmente cierta. Pero la realidad matemática dice que cuantas más acciones introduzca en su cartera de valores menos posibilidades tendrá de superar al mercado.

Piense en los viejos modelos de probabilidades que estudió en secundaria. Si se arroja una moneda al aire puede salir cara o cruz. Cincuenta por ciento de probabilidades para cada opción. Arroje al aire seis monedas en total y las probabilidades son de que salgan tres caras y tres cruces, tal vez dos caras y cuatro cruces, una cara y cinco cruces o incluso seis caras. Las probabilidades descienden a medida que se dirige a los extremos pero estos resultados son todos ellos verosímiles. Arroje ahora al aire 100.000 monedas. ¿Cuáles son las probabilidades de que salgan 100.000 caras? Poquísimas. Este es un caso extremo pero la realidad matemática sigue vigente: cuantas más acciones tenga, más probabilidades habrá de que las acciones ganadoras y perdedoras se anulen entre sí.

Supongamos que está ganando un 50 por ciento con una de las cuatro acciones que tiene en su cartera. Si con las demás no gana ni pierde, las ganancias de la cartera ascienden en promedio al 12,5 por ciento. Si la primera acción citada es solo una entre diez en su cartera y con las demás ni gana ni pierde, la ganancia es solo del 5 por ciento. Tener demasiadas acciones diluye el efecto de las que son ganadoras. Unido ello a los costes de transacción y las comisiones de gestión, este fenómeno ayuda a explicar por qué unas dos terceras partes de los fondos de inversión rinden menos que el mercado, medido por el un índice bursátil como pueda ser el S&P 500, el IBEX 35 o el EUROSTOXX, por ejemplo.

Pero, ¿qué ocurre con el tema de la reducción del riesgo? Cierto, cuantas más monedas arroje, menores son las probabilidades de que todas salgan cruces. Si el rendimiento de sus acciones es verdaderamente al azar, entonces la posesión de más acciones reduce la probabilidad de batir el rendimiento del mercado. La proposición inversa también es cierta: la posesión reduce la probabilidad de rendir muy por debajo del mercado.

Recuerde que los verdaderos inversores no seleccionan las acciones de sus carteras al azar. Reducen el riesgo a través del conocimiento de las compañías y su valor en lugar de distribuir el riesgo entre un mayor número de compañías. Los inversores inteligentes se focalizan en unas acciones que conocen a fondo en lugar de diluir los posibles rendimientos a través de la diversificación de las acciones de su cartera. Advierten el peligro que conlleva tener demasiadas inversiones, que se traduce en que son más de las que son capaces de gestionar o de hacer un seguimiento adecuado. Aquí está la paradoja. En lugar de reducir el riesgo a través de la diversificación, el riesgo puede aumentar como consecuencia de que es más difícil seguir las vicisitudes de tantas empresas. Esa es la razón por la que Buffett y otros inversores rechazan la diversificación *per se* como estrategia de inversión. Prefieren reducir el riesgo siguiendo más estrechamente a unas pocas compañías e inversiones.

El mito de la asignación de activos

El concepto de la asignación de activos acompaña a la panacea de la diversificación en muchos círculos dedicados a la asesoría de inversiones, es decir, a la distribución de las inversiones entre muy diversas clases de activos como acciones, bonos, liquidez y materias primas. Otras variaciones de dicha estrategia distinguen entre las opciones «gran capitalización, capitalización media y baja capitalización» y «crecimiento frente a valor».

Se trata de grandes agrupaciones que no nos dicen nada acerca de lo que contienen. Le sugerirán que la cartera ideal debería estar formada en un 60 por ciento por acciones, sin que precisen cuáles son las acciones que deberían formar parte de este 60 por ciento. ¿Hay alguna utilidad en esta recomendación? No mucha, la verdad. Les va bien a los corredores de bolsa que quieren presentar a sus clientes un montón de diagramas de sectores, pero está muy lejos de ser un consejo de inversión útil.

Asimismo, determinadas agencias de valores y consejeros de inversiones le recomendarán que reduzca el porcentaje de inversión en acciones «del 60 por ciento al 55 por ciento». En el caso de que esté manejando millones, tal vez esto tenga su importancia, pero si está gestionando entre 50.000 y 100.000 euros, ¿hasta qué punto esta variación del 5 por ciento representará a fin de cuentas un impacto significativo en el éxito de su inversión?

La respuesta es que realmente no tiene importancia. Como verdadero gestor de sus inversiones –un gerente de sus empresas–, su objetivo debería ser poseer una cantidad manejable de acciones de empresas concretas. Sin duda, los fondos de inversión pueden formar parte de su cartera, para aliviarle de la carga de tener que gestionar todas sus inversiones de forma activa. Sin embargo, esto debería adoptarse como una decisión deliberada, no como una panacea. («Tengo el 50 por ciento invertido en acciones y mis inversiones están diversificadas. Por tanto debo de estar actuando correctamente.»)

Diversifique a través de múltiples dimensiones

Dicho todo lo anterior, es evidente que no debería tener todos los huevos en el mismo cesto. Incluso para la apuesta más sólida y segura el futuro es incierto. El negocio puede cambiar, la competencia puede cambiar, una compañía puede sufrir la pérdida de su presidente o incumplir las normas contables. Hay grandes obstáculos a lo largo del camino que pueden dar al traste con las empresas más seguras. Así pues, algún tipo de diversificación bien concebida tiene sentido y es el camino a seguir.

El mejor modo de abordar el tema de la diversificación es de forma multidimensional, es decir, diversificar a través de varias dimensiones, no solo una (por ejemplo, acciones, bonos, liquidez). Veamos a continuación algunas dimensiones a tener en cuenta:

- *Sector de actividad*. Si no tiene sentido poner todos los huevos en un mismo cesto, tampoco lo tiene ponerlos en uno o dos cestos sectoriales. Incluso los sectores más sólidos como la energía o el cuidado de la salud pueden cambiar y lo que es malo para el sector casi siempre suele perjudicar a todos los participantes en el mismo. Hasta Buffett diversifica en diferentes sectores: seguros, pinturas, servicios públicos, transportes y restaurantes. Lo mejor es diversificar, como mínimo, en 4-5 sectores de actividad.

- *Perfil de riesgo*. Diversificar o segmentar las inversiones según el perfil de riesgo es una excelente idea. Por ejemplo, algunos inversores profesionales diversifican en acciones de gran capitalización, capitalización media y baja capitalización (medidas del tamaño de una compañía). Yo llevo la idea un paso más allá y aconsejo distribuir la cartera de valores entre inversiones conservadoras y otras más agresivas. El siguiente hábito, *Hábito 5. Segmente su cartera de valores*, describe cómo puede segmentarse una cartera para diversificar no solo por riesgo sino también por la cantidad de tiempo que se dedique a la gestión de los diferentes segmentos de la cartera.

- *Horizonte temporal*. La diversificación por horizonte temporal —es decir, el tiempo que tardará una inversión en conseguir un rendimiento objetivo— es una variación del concepto de diversificación por «perfil de riesgo» —en realidad, es otra forma de considerarlo—. Se puede pensar en ella como un «págueme ahora» frente a «págueme más adelante». Se pueden tener algunas acciones u otras inversiones que produzcan unos ingresos regulares y que se equilibren con otras, tal vez unas acciones de crecimiento más agresivas que prometan una recompensa mayor más adelante. Tener algunas de ambos tipos —«ahora y después»— es una forma inteligente de diversificación.

- *Tipo de inversión: fondos de inversión frente a acciones individuales*. Tal como se ha comentado anteriormente, no pienso realmente que la opción de acciones frente a bonos frente a liquidez frente a materias primas e inmuebles vaya al grano de la diversificación, aunque probablemente los inversores inteligentes deberían tener todos estos tipos de inversión o sus equivalentes (considero que una hipoteca pagada es una forma de inversión en bonos; se trata de un pago a interés fijo que usted ahorra, en lugar de cobrar, y es incluso más segura que la adquisición de un bono). Sin embargo, para ahorrar tiempo y centrarse en las partes verdaderamente importantes de su cartera, tiene sentido algún tipo de diversificación entre fondos de inversión y acciones individuales. Gestione parte de la cartera usted mismo y deje que los profesionales gestionen otra parte para usted. De este modo, tendrá un equilibrio entre sus ideas y las de los demás; además, descubrirá que dispone de más tiempo para hacer un trabajo de gestión realmente bueno en la parte de la cartera que se adjudique.

Calcule bien

La mayoría de inversores que disponen de poco tiempo y cuyos recursos son limitados pueden y deberían gestionar entre cinco y diez inversiones que no se superpongan parcialmente entre sí. Con un número más elevado puede tener problemas de tiempo y de focalización; con un número menor puede tener demasiados huevos en un mismo cesto. Con cinco inversiones el inversor medio puede conseguir una diversificación suficiente.

Adquiera el hábito

- Caiga en la cuenta de los mitos y los costes de la diversificación.

- Evite los fondos de inversión y otras formas de diversificación que se superpongan.

- Diversifique más a fondo que con una simple asignación de activos; dese cuenta de que el mix de acciones frente a bonos, frente a liquidez, frente a otras formas de inversión se queda corto si no sabemos qué hay debajo de la superficie.

- Diversifique en múltiples dimensiones «inteligentes» —sector, perfil de riesgo, horizonte de tiempo— y fondos de inversión frente a acciones individuales.

- Escoja y gestione entre cinco y diez compañías como las inversiones en las que principalmente se debe concentrar.

HÁBITO 4. DESCUBRA SU NIVEL ÓPTIMO DE DIVERSIFICACIÓN

Hábito 5

Segmente su cartera de valores

No piense en su cartera de inversiones como si fuera una entidad única sino como una pirámide de inversiones con diferentes niveles, donde cada nivel recibe un grado de atención diferente y está diseñado para alcanzar objetivos diferentes.

Mi punto de vista es que la inversión, por naturaleza, va más allá de la simple adquisición de acciones, del mismo modo que la posesión de un automóvil va más allá de su mera adquisición.

He descubierto que a muchos inversores los árboles no les dejan ver el bosque y gastan todas sus energías tratando de encontrar acciones individuales o fondos de inversión sin dedicar demasiada atención a su marco de inversión global. Cuando examinan el panorama general, si es que lo hacen, analizan los convenios trillados de la asignación de activos (véase *Hábito 4. Descubra su nivel óptimo de diversificación*), uno de los temas favoritos de la comunidad de la planificación y asesoría financiera, como si la diferencia entre tener un 50 por ciento en acciones o un 60 por ciento fuera un asunto de la máxima importancia. Desde luego, puede ser así en el mundo de los fondos de pensiones y otras inversiones institucionales, donde un ajuste del 10 por ciento podría hacer que entraran o salieran millones de euros de un determinado tipo de activo, pero, ¿qué tal si se trata de una cartera de 100.000 euros? ¿Tienen tanta importancia 10.000 euros más o menos en acciones, bonos o liquidez?

Quizás no. Y, por supuesto, la historia no termina aquí. ¿Qué es más importante? ¿Que usted tenga un 60 por ciento en acciones ordinarias o bien en qué acciones invertir? Es evidente que lo segundo es más importante que lo primero. Así pues, aunque los modelos de asignación de activos son muy bonitos para los gráficos tipo *tarta*, nosotros preferimos abordar el panorama general de la creación de una cartera de valores de una forma diferente.

Comience con una cartera de valores *in mente*

Usted no es un inversor profesional. Su tiempo es para hacer otras cosas, y el tiempo es oro. No puede dedicar cuarenta, cincuenta o sesenta horas a la semana pegado a la pantalla del ordenador analizando sus inversiones.

Además, como inversor individual, su objetivo es superar al mercado (hemos revisado la base matemática de esta idea en el *Hábito 2. Conozca y utilice las matemáticas básicas de la inversión*). Desde luego, no por mucha diferencia. Unos rendimientos sostenidos del 20 por ciento no son posibles sin correr riesgos disparatados. Pero quizás si el mercado está subiendo según su media a largo plazo del 5 por ciento anual, a usted le gustaría conseguir un 6 o tal vez un 7 por ciento sin correr excesivos riesgos. Por otra parte, si el mercado baja un 20 por ciento, quizá querría recortar sus pérdidas en un 5 o 10 por ciento. En cualquier caso, su objetivo es hacerlo algo mejor que el mercado.

Segmentación activa de la cartera de valores

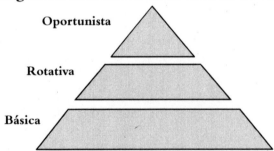

	Clásico	Conservador	Agresivo
Oportunista	10-20%	5-10%	20-40%
Rotativa	10-30%	5-10%	10-30%
Básica	50-80%	80-90%	30-70%

A causa de las restricciones de tiempo y de su objetivo de superar ligeramente a la media del mercado, le aconsejo que enfoque su cartera de valores por niveles. Los niveles que se proponen aquí no están basados en el tipo de activos sino en la cantidad de atención y actividad que usted quiera dedicar a las diferentes partes que componen su cartera de valores. Es un enfoque estratégico de su cartera de valores que probablemente usted adoptaría si dirigiera un pequeño negocio −concentrarse al máximo en los productos y clientes que puedan generar el mayor nuevo rendimiento a su empresa−, dejando que el resto de su lenta y regular base de clientes funcione a largo plazo tal como lo viene haciendo.

Le recomiendo que descomponga su cartera en tres *niveles* o *segmentos*. Esto puede hacerlo creando cuentas concretas o menos formalmente aplicando simplemente el modelo como un proceso de pensamiento. Este proceso de pensamiento y abordaje se aplica de forma sistemática y constituye el *hábito*.

La cartera básica

En este nivel, cada inversor define y gestiona una cartera fundamental básica, que por su naturaleza es a largo plazo y requiere una gestión relativamente menos activa. La cartera básica suele constar de planes de pensiones (la inversión a largo plazo paradigmática) y puede incluir también la vivienda y otros activos personales o familiares de larga duración, como fideicomisos, piezas de colección, etc. Las inversiones de la cartera básica típica tienen el objetivo de alcanzar por lo menos el rendimiento medio del mercado a través de fondos de inversión indexados, fondos de calidad y algunos activos generadores de rentas, como acciones que pagan dividendos o, si las condiciones lo justifican, bonos corporativos o del sector público que se mantienen hasta el vencimiento.

Una cartera básica puede contener también algunas apuestas a largo plazo en materias primas, productos básicos (*commodities*) o bienes inmuebles y metales preciosos para defenderse contra la inflación. El funcionamiento de la cartera básica se deja en gran medida a su aire, aunque como en todas las inversiones es importante revisarla de vez en cuando para asegurarse de que su rendimiento −y el de cualquier gestor profesional que pueda estar implicado− está a la altura de las expectativas depositadas en ella.

La cartera rotativa

El segundo segmento, la cartera rotativa, se gestiona de forma más activa para seguir el ritmo de los cambios en los ciclos y circunstancias de negocio. Suele constar de una serie de acciones o fondos de inversión que pueden alternarse o mezclarse de vez en cuando para reflejar las circunstancias de negocio o para implementar una estrategia más defensiva o más ofensiva. Esta cartera, en mayor medida que las otras carteras, sigue la rotación de las preferencias del mercado entre diferentes tipos de empresas y activos empresariales. Gestione esta cartera para reorganizar los activos entre mercados o sectores de actividad, entre inversiones agresivas y defensivas, entre apuestas nacionales e internacionales, entre compañías de gran capitalización y baja capitalización, entre compañías que gozan del favor del público y compañías que no disfrutan del mismo, entre acciones, bonos, materias primas y productos básicos, etc.

¿Tiene esto que ver con las inversiones que pretenden aprovecharse de los movimientos del mercado anticipados por indicadores económicos o técnicos (*market timing*)? Nos referiremos a ello como *market timing* «inteligente». Desde hace años existen estudios que nos dicen que es imposible predecir de forma efectiva los futuros movimientos del mercado. Es imposible captar los altos y bajos de inversiones concretas, de sectores de mercado e incluso del mercado en su conjunto. Nadie es capaz de descubrir las cotizaciones máximas o mínimas. No obstante, mediante la observación de los indicadores económicos y el pulso de las compañías y del mercado se puede incrementar el rendimiento a largo plazo a través de una rotación sectorial bien concebida y oportuna. En este contexto, la palabra clave es *oportunidad*. El inversor ágil y activo tiene suficiente información actualizada para observar las señales e invertir en consecuencia.

Aunque la idea no es nueva, la llegada de los fondos de inversión cotizados en bolsa de «baja fricción» y otras carteras indexadas facilita las cosas en la práctica a los inversores individuales. ¿Qué significa «baja fricción»? Se trata de fondos que se negocian como si fueran acciones, con todos los descuentos de comisiones y simplicidad de una compraventa de acciones. No tiene que liquidar ni adquirir toda una cesta llena de inversiones a su cargo para seguir un sector determinado. Yo destacaría que durante años ha sido posible rotar activos en las familias de fondos de inversión a través de una sola llamada telefónica, pero la mayoría de fondos de estas familias son apuestas menos *puras* en su sector, y la mayoría de familias no cubren todos los sectores.

La cartera oportunista

La cartera oportunista es la parte más negociada de la cartera total de valores. La cartera oportunista busca acciones u otras inversiones que estén aparentemente infravaloradas o sobrevaloradas en un momento determinado. El inversor activo busca oportunidades a corto plazo, tal vez de días, un mes o incluso un año, para exprimir ganancias a corto plazo a partir de situaciones de infravaloración.

La cartera oportunista también puede utilizarse para generar ingresos a corto plazo a través de la suscripción de opciones de compra cubiertas (*covered call options*) (véase *Hábito 22. Retribúyase a sí mismo*). Las opciones son básicamente un mecanismo de transferencia de riesgos en el que un posible, pero poco probable, resultado de una inversión se intercambia por otro menos rentable, pero más seguro, en un escenario a muy corto plazo. Se paga una tarifa o *prima* a cambio de transferir a otra persona la oportunidad de una ganancia más agresiva. Usted cobra esta prima. Efectivamente, usted, como propietario de una acción, puede convertir una inversión en crecimiento en una inversión con un ingreso a más corto plazo, retribuyéndose a sí mismo con un dividendo por la propiedad de la acción a través de la venta de una opción. ¿Supone esto un riesgo? En la mayoría de situaciones, realmente es menos arriesgado que poseer la acción sin vender la opción y convierte una inversión a largo plazo en una oportunidad a corto plazo generadora de liquidez.

Curiosamente, el principal objetivo de la cartera oportunista es generar un ingreso, o liquidez. Los inversores más tradicionales ponen sus miras en los componentes de su cartera más conservadores y más a largo plazo y generan ingresos a través de bonos, pagos de dividendos de acciones, etc. Bajo este esquema, la cartera oportunista a corto plazo es la principal responsable de generar ingresos líquidos. Un inversor activo podría comerciar con estas acciones con diversos grados de frecuencia o vender algunas opciones para generar liquidez. Estas operaciones oscilantes van desde pocos días hasta un mes, aproximadamente, e incluso pueden ser operaciones intradía si las cosas funcionan especialmente bien y deprisa. Sin embargo, las operaciones intradía no son un objetivo ni la práctica habitual para un inversor activo.

¿Forman parte siempre de la cartera básica los planes de pensiones?

Los objetivos y la naturaleza a largo plazo de las cuentas de los planes de pensiones aconsejan su inclusión normal como parte de la cartera básica. Los activos de la jubilación pueden utilizarse como parte de la cartera rotativa o de la oportunista. De hecho, sería muy lógico hacerlo así. ¿Por qué? Porque los rendimientos generados están exentos de impuestos, al menos hasta la jubilación. Los rendimientos exentos de impuestos pueden crecer mucho más rápidamente. A causa de la importancia de este tipo de activos, solo se debería comprometer una pequeña parte en una cartera oportunista que se gestione de forma activa, aunque puede ser una buena forma de exprimir el crecimiento de esta importante base de activos.

Aprenda a pensar en niveles

¿Cómo se convierte este esquema de segmentación en un hábito de inversión que tenga utilidad?

La primera recomendación es pensar en términos de niveles cuando se considere cualquier posible inversión. ¿Es más apropiada como inversión básica, rotativa u oportunista? ¿Es más probable que genere una ganancia a corto plazo que me ayude a llegar al 6 o al 7 por ciento este año, con un control más activo? ¿O más bien se trata de algo que meto dentro de mi colchón inversor para un crecimiento a largo plazo y pagos regulares o crecientes, y que no vigilaré ni controlaré diariamente, o ni siquiera mensualmente?

Es coherente tener algunas inversiones tanto en el nivel básico como en el oportunista en un momento determinado, y tal vez en el nivel rotativo dependiendo del tamaño de la cartera y de cuán activamente se desee gestionar.

Adquiera el hábito

- Divida sus inversiones por niveles, segmentando cuentas de forma específica o bien en su mente (una lista por escrito le ayudará a hacer el seguimiento).

- Decida las sumas que debe haber en cada nivel y fije expectativas para cada nivel.

- Dedique más tiempo a la gestión de los niveles más activos. La mayor parte del tiempo hay que dedicarlo a la cartera oportunista, menos a la rotativa, y menos aún a la cartera básica.

- Cuando considere una nueva inversión, piense en el nivel al que debería asignarse.

- Adquiera las inversiones más apropiadas para cada nivel.

Hábito 6

Trabaje duro y con inteligencia

Contrariamente a lo que generalmente se piensa, la inversión exige trabajo y esfuerzo. Así pues, ¿cómo llevar a cabo con éxito la tarea, cuando no es su ocupación a jornada completa? La conclusión es que invertir debería considerarse como una profesión o como la educación de los hijos. Usted tiene que entender que no conseguirá los resultados deseados inmediatamente y también que no los conseguirá sin esfuerzo. Asimismo, tiene que reservar tiempo –y conseguir ayuda cuando proceda– para tener éxito y desarrollar sus técnicas sobre la marcha.

Actúe con la diligencia debida

Muchos inversores creen que leyendo uno o dos libros o un par de artículos en Internet, tal vez charlando con un asesor, un agente bursátil o un par de amigos ya saben todo lo que necesitan saber. Después de todo, eso es lo que necesitan saber para jugar una partida de póquer: saber cómo se juega, saber el orden de las manos, observar cómo un amigo juega una o dos manos y empezar a jugar para aprender de la experiencia.

Un ejercicio de aprendizaje de este tipo podría ser efectivo para jugar al póquer. ¿Por qué? Porque las partidas son breves, ganar o perder se debe en gran medida a la suerte y tampoco se pierde tanto en una mala mano. Las pérdidas repetidas (es de esperar que con unas cuantas victorias intercaladas) proporcionan una experiencia valiosa a costa de unas pérdidas mínimas. Mano tras mano se va adquiriendo experiencia de los resultados probables y de las tácticas de apostar. Estas experiencias son acumulables y con el tiempo se desarrolla una lógica y unos reflejos que orientan sobre lo que se tiene que hacer en una mano determinada.

La inversión no se considera –o no debería considerarse– del mismo modo. La inversión se lleva a cabo con una visión a largo plazo, y exige esfuerzo.

Cuando se compra una acción, se está adquiriendo una porción de una empresa, una idea que se ampliará en el *Hábito 7. Compre como si estuviera comprando toda la empresa.* No es una porción de un suceso fortuito como el azar de la próxima carta en la partida de póquer. Usted tiene que ser propietario de la empresa para poder generar el rendimiento deseado. Por consiguiente, debería saber algo de ella antes de adquirirla y le debería seguir la pista después de adquirirla. Es un asunto bastante más importante que incorporarse a una partida, jugar una mano y levantarse de la mesa con ganancias o pérdidas.

Invertir significa esfuerzo y trabajo. Significa hacer el mismo trabajo antes, durante y después de poseer una compañía. Hay que evaluar la empresa y el precio (es decir, la cotización de la acción) para determinar, teniendo en cuenta los posibles resultados, si el precio se corresponde con las perspectivas –y los riesgos– del negocio. Hay que estar atento a la marcha de la empresa, a los cambios y a los indicadores de los cambios. Y cuando venda, debería distanciarse un poco y hacer recuento de todo lo que haya aprendido de la experiencia, con el objetivo de ser un mejor inversor/propietario la próxima vez.

Por supuesto, si usted se propusiera adquirir un negocio, por ejemplo, el bar de la esquina, esto le exigiría un esfuerzo: saber cómo funciona, si consigue o no buenos resultados y, si es así, cuáles son las razones de su éxito. Por suerte, como transacción, la adquisición de la mayoría de acciones es un proceso más fácil que la operación de compra o de venta de un negocio. En este aspecto transaccional, comprar y vender acciones es menos trabajoso que comprar un negocio. Luego, como propietario, tiene que mantenerse al corriente, aunque como propietario de una acción usted disponga de un equipo directivo consolidado que se ocupa de todos los aspectos prácticos para usted.

No voy a detenerme en este tema, pero la compraventa de acciones como inversor (no como operador ni como especulador) se parece más a la compraventa de compañías que a una partida de póquer o a otros juegos de azar. Tiene que hacer los deberes. Tiene que saber lo que está haciendo. Tiene que conocer el sector, incluidos los factores y las dinámicas que lo impulsan. Debe actuar con la diligencia debida. Debe mantenerse alerta. Tiene que seguir trabajando después de haber efectuado la adquisición. Debe aprender de sus errores para no repetirlos.

No crea ni por un momento que puede invertir sin trabajar, un poco por lo menos, aunque adquiera fondos de inversión o contrate a un asesor profesional que haga para usted parte del trabajo.

Lleva tiempo

¡Las empresas son complejas!

La lista de complejidades es larga: materias primas, mano de obra, otros *inputs*, métodos, embalajes, marketing y ventas, por citar unas cuantas. Los clientes, la competencia, normativas y su cumplimiento, impuestos, contrataciones y despidos de personal, formación, relaciones laborales y tecnología, por nombrar unas cuantas más. Con ellas tan solo arañamos la superficie de las múltiples complejidades de comprar, poseer y vender una empresa.

Afortunadamente, como inversor en acciones, usted ha contratado a otras personas (los directores y sus equipos) que se ocupan de los detalles. Usted es el propietario, pero no tiene ninguna responsabilidad real sobre el funcionamiento del negocio. Eso es positivo. Usted es el dueño, no quien hace o ejecuta las cosas. Pero para seleccionar la empresa apropiada y ser un propietario de éxito, sigue siendo necesario que sepa alguna cosa acerca del funcionamiento de la empresa.

Si usted fuera el dueño del bar de la esquina, pero nunca hubiera puesto el pie allí, porque tenía directivos y empleados que se ocupaban del negocio, seguiría siendo necesario que le dedicara parte de su tiempo. Para empezar, tiempo para seleccionar, tiempo para revisar periódicamente los resultados, tiempo para hablar con los responsables de las operaciones cotidianas. Como propietario de acciones, usted hace una revisión parecida para adquirirlas y otra revisión para analizar los resultados. Probablemente, no tiene contacto directo con la dirección de la empresa, pero debería escuchar lo que dicen de vez en cuando, por lo menos en las teleconferencias periódicas.

Como inversor en acciones, su *diligencia* le ocupa menos tiempo que si fuera dueño del 100 por cien de la empresa, porque gran parte de la tarea la hacen por usted. La información para analizar la empresa se puede obtener fácilmente y parte del análisis ya está hecho y a su disposición, por ejemplo, en los informes de bancos de inversión y de entidades similares. Los *resultados* de los estados financieros están fácilmente disponibles en formatos estándar como informes trimestrales y anuales.

Por tanto, la cantidad de tiempo es menor como inversor dedicado a una acción en concreto que como propietario del bar de la esquina. No obstante, sigue siendo necesario que realice muchas de las mismas tareas y que reserve el tiempo para ello.

Reserve el tiempo necesario

¿Cuánto tiempo? Esta es una pregunta de difícil respuesta. Depende del grado de conocimiento que ya tenga sobre el sector, sobre las compañías del sector y sobre los propios mercados.

No existe al respecto una norma general, como sí la hay, por ejemplo, para hablar en público, donde la mayor parte de los profesionales recomiendan una hora de preparación por cada minuto de charla. En realidad, el tiempo que hay que dedicar es el que sea necesario para tener un buen entendimiento de lo que se está haciendo, para hacer una buena selección y para estar al corriente de las inversiones realizadas.

Cuando quiero seleccionar una nueva acción, puedo pasarme de dos a tres horas, como mínimo, leyendo e investigando todo lo que puedo encontrar sobre una compañía, suponiendo que esté más o menos familiarizado con el sector del que forma parte la compañía. Leo los datos financieros, los informes de estudios, entre ellos *Value Line*, las noticias más recientes y destacadas. Estudio Reuters (*Key Developments* en *www.reuters. com/finance/stocks/ (TICKER SYMBOL)/ Key Developments* es excelente para este fin, así como los portales financieros Yahoo! Finance (*finance. yahoo.com*, *Invertia*) y Google Finance (*finance.google.com*). Sigo la acción y la compañía durante unos cuantos días, como mínimo, para observar la marcha de la cotización y para captar el *sabor* de las nuevas noticias que lleguen. Puedo hacer esta labor durante unas semanas.

Una vez he efectuado la adquisición, la observo diariamente a través de mi portal financiero, junto con las acciones de mi cartera «activa» y en especial de mis apuestas «oportunistas» (véase *Hábito 5. Segmente su cartera de valores*). Configuro el portal de modo que las noticias relativas a las acciones que poseo se exhiban en la lista de la sección de noticias. Controlo los informes de ganancias cuando se presentan y escucho las teleconferencias de las compañías cuando tienen lugar. Es probable que dedique por lo menos media hora diaria a observar y más tiempo –quizás una hora o más, por lo menos una vez a la semana– a ponerme al día. También dedico tiempo a leer artículos empresariales y económicos a medida que me llegan para tener una idea más precisa de hacia dónde se dirigen la economía y la industria en general. Esto puede suponer otra media hora diaria de promedio, que puede variar en función de cuál sea la situación.

Ese es mi modelo. El suyo variará de acuerdo con sus necesidades, tiempo disponible, medios de comunicación a su alcance, pero lo que sí es cierto es que debería instaurar una rutina y reservar el tiempo correspondiente.

Consiga ayuda cuando la necesite

¿Utilizar o no utilizar los servicios de un asesor profesional? Esa es la pregunta que se hacen casi todos los inversores individuales.

Los inversores individuales son personas independientes, dinámicas y autónomas que son capaces de asumir la responsabilidad de sus propias decisiones y acciones. Esto es positivo, y supongo que si usted está leyendo este libro es porque posee algunas de estas características personales. Sin embargo, el mundo no es tan sencillo y el tiempo no le sobra. Es posible que los temas de inversión y de negocios no sean sus preferidos. No tiene que echarlo todo sobre las espaldas de un asesor profesional (con el consiguiente pago de honorarios y pérdida de control), pero sí debería tener alguna ayuda de vez en cuando.

Tan solo recuerde esto: usted, solo usted y en última instancia usted es el responsable de sus propias finanzas, al igual que el piloto es responsable en última instancia de lo que suceda al avión y a sus pasajeros. Usted está al mando. Eso es así, tenga o no tenga a su lado a alguien más como un agente de valores o un asesor profesional que le ayude. Usted sigue siendo el jefe.

Usted debería pensar en un asesor más bien como un copiloto o controlador del tráfico aéreo –que le ofrezca información y sugerencias, que le ayude a interpretar la información y a recordar las reglas en caso necesario–, pero en última instancia usted es quien está al mando.

Hay asesores financieros de muy diversas características y no voy a entrar en detalles sobre este punto. Lo que es importante es entender que, por mucho que subcontrate, usted sigue manejando el timón. Tiene que establecer una buena relación bidireccional con su asesor, en la que este pueda aportar valor y ayudarle a aportar valor a su estrategia y a sus decisiones de inversión. No debería decirle lo que tiene que hacer, pero tampoco tendría que ser la persona que dice que sí a todo lo que usted desee hacer. Un debate animado, punto-contrapunto, con un asesor de cualquier movimiento financiero es sano; dos cabezas piensan más que una. Recuerde que si dos personas piensan exactamente de la misma manera, es evidente que no se necesitan la una a la otra.

No se sienta abrumado por la terminología y los conceptos sofisticados. Invertir es un asunto complejo, pero si la explicación resulta aún más compleja que la propia tarea vaya con cuidado. Encuentre un asesor que hable su mismo idioma, es decir, en un lenguaje llano. Las personas inteligentes y experimentadas no complican las cosas sino que las simplifican.

También tiene que ser claro acerca de lo que quiere y espera de un asesor. Si usted no describe en detalle cuáles son sus expectativas, él le ofrecerá su producto estándar, que tal vez sea el mismo que ofreció al cliente que le contactó antes que usted. Por ejemplo, usted quiere que le ayude a construir su cartera y a conocer el sector tecnológico y el del cuidado de la salud, que usted no conoce suficientemente a fondo. Pídale que le ayude a entender los titulares de la prensa y en qué es importante fijarse cuando se refieren al sector bancario.

Y, por supuesto, tal como nos enseñó Bernard Madoff, asegúrese de que entiende lo que está haciendo, en caso de que esté efectuando gestiones en nombre de usted. No hay nada peor que pensar que todo marcha a la perfección cuando la realidad es que es un completo desastre.

En conclusión, un asesor de inversiones debería ser un socio excepcional, alguien a quien usted contrataría para su empresa si tratara de crear una sociedad o alianza en el negocio de las inversiones. Busque el sentido común; busque a un asesor que le ayude al máximo en aquellos temas en que se sienta menos cómodo. Averigüe qué es lo que hace (y lo que ha hecho) con otros clientes; si parece que es demasiado bueno para ser verdad es que probablemente lo es.

Otra conclusión: su asesor debería lograr que usted durmiera mejor por la noche. No es bueno que se despierte a las tres de la mañana pensando en sus inversiones. Si se despierta de madrugada pensando en su asesor, es aún peor. Ambas cosas son demasiado peligrosas para usted.

Recurra a los fondos de inversión cuando sea lógico

Los dueños de empresas que son inteligentes no intentan hacerlo todo ellos. En general, deciden al principio lo que pueden hacer, y deberían hacer, teniendo en cuenta sus competencias y habilidades y el trabajo que hay por delante. A continuación, delegan el resto a los demás aunque, por supuesto (y tal como ya se ha comentado), vigilando lo que hacen y cómo lo hacen.

Usted puede seleccionar o no a un asesor personal de inversiones para que le ayude y para tener otra opinión profesional cuando construya su cartera de inversiones, tal como se ha comentado más arriba. Otra forma de conseguir algún tipo de ayuda es comprando y manteniendo fondos de inversión en la cartera, en lugar de acciones individuales.

Hay dos tipos de fondos de inversión. El primer tipo está compuesto por fondos que se gestionan de forma activa, en los que un gestor profesional es quien selecciona para usted las acciones sobre la base de su propio análisis y dentro de los límites del estilo de inversión declarado del fondo. La mayoría –pero no todos– de los fondos de inversión son de este tipo.

El segundo tipo está formado por fondos de inversión gestionados de forma pasiva, construidos y mantenidos de forma categórica alrededor de un índice predefinido, un cesto de compañías alineadas con un determinado índice bursátil, área geográfica, sector de actividad o un objetivo de inversión más específico, por ejemplo, acciones de «dividendos» o compañías de energía eólica.

Al adquirir un fondo de inversión, usted está dejando la conducción en manos de otra persona, ya sea el gestor del fondo de gestión activa o bien la entidad que construye y mantiene el índice en el caso de los fondos de gestión pasiva. Al delegar una parte de su cartera de valores –a menudo la cartera *básica* (véase *Hábito 5*)– a otra persona, usted puede dedicar más tiempo a las compañías que haya seleccionado para gestionarlas directamente.

Usted debería gestionar sus inversiones en fondos de forma muy parecida a como lo hace con sus inversiones en acciones –selección cuidadosa con una base lógica– y observar qué ocurre. Es probable que el tiempo que dedique a estas inversiones gestionadas sea menor y también correrá menos riesgos, aunque paralelamente las recompensas serán más pequeñas. Al adquirir fondos de inversión usted gana tiempo, conocimientos, experiencia y diversificación. Véase *Hábito 9. Evalúe los fondos de inversión de forma realista.*

Conviértalo todo en una rutina

Llegados a este punto es probable que presienta lo que voy a decirle. Como en cualquier trabajo, la educación de los hijos o la propiedad del bar de la esquina, la gestión de su cartera de valores pronto será una cuestión de rutina. Establecerá una programación periódica, una serie de recursos habituales y un conjunto de mecanismos de comunicación (medios impresos, Internet, tableta, *smartphone*, etc.) que aporten la máxima eficiencia, es decir, el máximo conocimiento en correspondencia al tiempo y el dinero invertidos.

Lo importante es hacer de todo esto una rutina. La mayoría de veces, sobre todo en el dinámico ambiente empresarial e inversor actual, simplemente no se puede efectuar una inversión y olvidarse del tema. Usted no puede hacer un análisis superficial de una compañía «destinada a ganar dinero» siempre y cerrarla bajo llave sin comprobar cómo marchan las cosas de vez en cuando. Los inversores de Eastman Kodak o de Abengoa saben de qué estoy hablando.

Adquiera el hábito

- Haga los deberes como si estuviera adquiriendo y poseyendo la totalidad de la compañía.

- Reserve el tiempo necesario para hacer bien las cosas, tanto en la fase inicial como en el futuro.

- Consiga ayuda donde la necesite, en forma de asesores profesionales y en forma de inversiones en fondos.

- Conviértalo en una rutina.

Parte II

Evalúe para tener éxito. Descubra cuáles son las mejores inversiones para usted

A lo largo del tiempo usted llevará a cabo cuatro tareas como inversor. En primer lugar, aprenderá sobre inversiones y aprenderá a invertir si es nuevo en este campo. Luego, adquirirá, poseerá y venderá las inversiones seleccionadas. En la *Parte I* ha aprendido algunos de los principios básicos. En la *Parte II* es el momento de ir de compras y, si todo cuadra, de comprar.

Los 12 hábitos que se exponen en la *Parte II* le ayudarán a tomar las mejores decisiones de compra. Aprenderá a adquirir acciones y otras inversiones de un modo muy parecido al que podría plantearse en la adquisición de un negocio completo.

Hábito 7

Compre como si estuviera comprando toda la empresa

Usted ya ha visto o escuchado esto antes. Si ha leído atentamente el *Hábito 6. Trabaje duro y con inteligencia* y la mayoría de los otros cinco hábitos en la *Parte I* es probable que ya haya captado la idea.

Pero vale la pena repetirlo. ¿Por qué? Porque posiblemente sea el hábito más importante que usted puede adoptar. Es la esencia de la inversión y sin dicho hábito usted puede muy bien acabar sin nada o aún peor.

Cuando usted invierte está comprando una empresa.

Cuando usted se convierte en inversor, se convierte también en un hombre de negocios. Un hombre de negocios invierte dinero –*capital*– en una empresa por ninguna otra razón que no sea la de obtener un rendimiento. No para presumir ni para poder decir en una fiesta «gané un dineral el otro día con unas cuantas acciones de Facebook». Tampoco para satisfacer el ego ni por las emociones que comporta, sino que forzosamente siempre se invierte para generar un rendimiento sólido sobre un capital que se ha obtenido con esfuerzo.

Por tanto usted debería plantearse la inversión de esta manera.

Invertir como si se comprara toda una empresa es un valor esencial del inversor de éxito.

La idea principal

Por su propia naturaleza, mi exposición del hábito 7 será más breve y simple que la de la mayoría del resto de hábitos. ¿Por qué? Porque en realidad se trata de una mentalidad y de un razonamiento, no de un método ni de una lista de control o *checklist*.

La compra de acciones de una compañía debería emprenderse como si se tratara de la adquisición de todo el negocio, el 100 por cien, para convertirse en propietario único. Todo lo que podemos aportar la mayoría de nosotros es unas cuantas acciones, un minúsculo porcentaje del capital de la compañía. Esto no importa. Usted debería encarar la decisión de compra y la consiguiente gestión como si estuviera adquiriendo la empresa en su totalidad y fingir que realmente lo está haciendo así.

No hay que considerar otros planteamientos alternativos

Aunque los mercados de valores están repletos de inversores y *jugadores* que no actúan de este modo, si usted es fiel al concepto de comprar buenos negocios —y aprende a separar los buenos del resto— tendrá éxito. Los *jugadores* pueden ganar algunas manos en el corto plazo y pueden quedarse con algunas historias afortunadas que contar, pero no invertirán necesariamente en buenas empresas. A largo plazo, la mayoría de ellos están abocados al fracaso.

En ocasiones, la mejor manera de explicar lo que es una cosa es explicando lo que no es, y esta táctica es la que voy a utilizar aquí.

- *Inversión por impulso.* La compañía XYX se está moviendo con alzas constantes. Uno o dos euros todos los días. Es el momento de subirse al carro, de comprar lo que sube, ¿no es verdad? En realidad, Warren Buffett comentaba que la razón más estúpida para comprar una acción es porque está subiendo. Aunque esto pueda ayudar a validar que se trata de una buena idea, es probable que signifique que se va a tener que pagar demasiado, y que el «margen de seguridad» (véase *Hábito 18. Comprar con un margen de seguridad*) se pone en peligro. Aunque se debería controlar el precio a lo largo del proceso (véase *Hábito 19. Cuando decida comprar, hágalo de forma inteligente*) nunca debería iniciarlo con la cotización de la acción *in mente*.

- *Inversión técnica.* «Compre cuando la acción suba por encima de su media móvil de 50 días o 200 días, cuando el indicador MACD (convergencia/divergencia de medias móviles) cruce por encima de la línea de la señal.» ¿Qué está pasando aquí? Quienquiera que sea que esté recomendando este enfoque está actuando sobre la base del comportamiento de la cotización de la acción, lo cual tiene poco o nada que ver con la empresa que representa la acción. Es verdad, el análisis técnico intenta cuantificar y describir el comportamiento colectivo de todos los inversores y operadores en una pauta repetible y procesable y una serie de señales pero, ¿se está comprando una empresa? La mayoría de operadores técnicos ni siquiera saben a qué se dedica la empresa cuya acción están adquiriendo.

- *Invertir en un sector.* «Compre acciones de XYZ porque pertenece al sector salud y las compañías de este sector solo pueden subir.» Aunque este planteamiento se acerca un poco más a los fundamentos del negocio, porque una empresa forma parte de un sector de actividad, está lejos de la consideración de comprar un negocio. Usted no compraría cualquier bar de la esquina para poder introducirse en el sector de la restauración, ¿no es cierto? Estos sectores de «inversión obligada» van y vienen con el tiempo. Punto.com, construcción, energía y otros han tenido sus días de gloria. Ya conoce el resto de la historia.

- *Inversión por consejo.* «Un amigo mío me ha hablado de Recursos Escasos S.A. Ha leído un artículo *online* sobre esta compañía y es seguro que va a subir a causa de la demanda de China y porque apenas tiene competencia.» Puede tener una base lógica y ser una buena idea para seguir investigando. ¿Pero es un buen negocio? Tal vez, pero probablemente no. Las acciones deberían ser un artículo que usted quiera comprar y no algo que le vendan los demás.

- *Inversión por presión social.* «Todo el mundo tiene acciones de la compañía XYZ y todos los analistas la han cualificado como *comprar.*» No se sienta obligado a tener algo porque todo el mundo lo tiene. El hecho de que todo el mundo se haya subido al carro no la convierte en una buena inversión.

- *Pura especulación.* Comprar y vender para obtener ganancias a corto plazo puede ser eficaz y suele tener éxito entre los operadores y jugadores a corto plazo. No obstante, una vez más, estos operadores rara vez basan sus decisiones en la empresa, sino sencillamente en la cotización de la acción. ¿Puede esto calificarse de inversión? ¡No!

Comprar negocios y no tan solo buenas ideas

¿Es Facebook una buena inversión? ¿O es tan solo una buena idea? Este es el tipo de decisión a la que se enfrentaron muchos inversores en mayo de 2012 y también la que usted debe tomar casi cada vez que considera o tiene noticias de una nueva inversión.

En un momento u otro, todos hemos sido abducidos por estas ideas fantásticas que no se pueden dejar pasar y que se hacen aparecer como magníficas por la gente que las promociona. Otras parecen magníficas sobre la base de nuestras experiencias personales.

El mundo de la inversión está repleto de sus cadáveres, como sabe la mayoría de quienes estuvieron alrededor del *boom* inversor «punto.com» entre 1999 y 2001. Aquellas ideas parecían maravillosas. Utilizar Internet para pedir los productos de alimentación y limpieza y distribuirlos desde un almacén central para evitar los costes de personal, existencias y de mantenimiento de supermercados de barrio. Grandes ahorros de costes y además todo el mundo estaba aprendiendo a hacerlo todo en Internet, ¿no es cierto?

Sin embargo, la idea –y su principal representante, Webvan Group Inc.– se fue al traste tan solo dos años después de haberla puesta en marcha. ¿Por qué? La implementación del concepto exigía unas enormes inversiones de capital en almacenes y mecanismos de distribución. Era difícil y complejo abastecer los almacenes con cada una de las referencias de productos de alimentación. Además, para muchos consumidores era difícil dejar de lado la idea de tocar personalmente los tomates para ver si estaban verdes o maduros. Otro problema que se interpuso en el proceso fue la necesidad de estar en casa para hacerse cargo de la entrega, lo cual ni siquiera era una opción para las personas que estaban ocupadas fuera de su hogar.

Así pues, lo que parecía una excelente y oportuna idea no estaba aún madura para convertirse en un buen *negocio*. Los *fundamentos* no eran correctos y los intangibles tampoco eran correctos. El resultado fue que Webvan fracasó rápidamente, como les ocurrió a otros proyectos empresariales *online* concebidos originalmente para ser (o vendidos para ser) negocios seguros para los inversores.

Decidir si algo ha superado de verdad el «test a primera vista» de un buen negocio –en contraposición a una buena idea– es una de las primeras y más importantes tareas que usted puede llevar a cabo como inversor. ¿Es Facebook un buen negocio o tan solo una gran idea? ¡Sí! Debe de ser una gran idea, más de mil millones de personas se han registrado. Su tarea como inversor es tratar de determinar si es un buen negocio y si su valor de mercado es aproximadamente de 100.000 millones de dólares, según ha sido valorado en la oferta pública inicial de acciones.

La mayoría del resto de hábitos de la *Parte II* tratan del tipo de fundamentos e intangibles que le ayudarán a distinguir entre un buen negocio y tan solo una buena idea.

Adquiera el hábito

- Piense en la compra de una acción como si estuviera adquiriendo el 100 por cien de la empresa.

- Piense siempre en el negocio y solo después examine el precio.

- No se interese por algo solamente porque parece una buena idea.

Hábito 8

Compre lo que entienda, entienda lo que compre

No es difícil darse cuenta de que este hábito es continuación del *Hábito 7. Compre como si estuviera comprando un negocio*. En el *Hábito 7* hacía hincapié en la importancia de considerar cualquier tipo de inversión como si se estuviera adquiriendo la totalidad de la empresa, aunque en realidad solo se están comprando un puñado de acciones. Recuerde que está adquiriendo una compañía, no una acción.

Como es lógico, esto conlleva la adquisición de un profundo conocimiento y comprensión del negocio, tal como haría en caso de que usted considerara la posibilidad de comprar el bar de la esquina o un restaurante. Es cierto que usted contrata profesionales –los directores y ejecutivos empleados en la compañía– para que la dirijan y gestionen para usted en el devenir del día a día. Pero esto no le exime de estar implicado y bien informado como propietario que es.

El hábito que se describe aquí es una combinación de experiencia de la vida, competencias, habilidades, aprendizaje y pura observación para captar de verdad los intríngulis del negocio y entender sus fundamentos subyacentes y su forma de ser.

La conclusión del hábito que acabamos de exponer –y tal vez la más importante y que más a menudo se olvida– es que, si usted no entiende un negocio, no lo compre.

Opte por lo que conozca y por lo que pueda descubrir

Veamos a continuación la descripción ofrecida por la glamurosa y popular compañía proveedora de soluciones tecnológicas de 40.000 millones de euros VMware (sigla identificadora: VMW). En un lugar destacado de Google Finance puede leerse lo siguiente:

> *WMware Inc. es una compañía proveedora de virtualización y de soluciones de infraestructura de virtualización basadas en la nube. El conjunto de soluciones de virtualización se ocupa de una gama de temas de tecnología de la información, entre ellos facilitar el acceso a la computación en la nube, continuidad del negocio, software de gestión del ciclo de vida y gestión de dispositivos de computación del usuario final corporativo.*

¿Ha entendido qué significa todo esto? ¿Qué demonios es *virtualización*? ¿Cuál es el producto que venden? ¿Quién lo necesita y por qué? ¿Cómo gana dinero una compañía con ello?

¿Compraría usted esta compañía? ¿*Debería* comprar esta compañía?

No puedo decirle lo que debería o no debería hacer. Pero lo que sí puedo decirle es que sería mejor que supiera mucho de virtualización y que estuviera al tanto de las noticias y matices que tienen que ver con computación en la nube, sobre todo antes de pagar cincuenta veces sus ganancias para adquirir acciones de esta compañía. Traducción: probablemente no debería comprar esta compañía.

Le puedo decir algo más: Warren Buffett y muchos otros inversores de éxito evitarían este tipo de compañía a toda costa.

¿Por qué? Muy sencillo. Simplemente no entienden el negocio. Es difícil determinar si esta compañía tiene una ventaja competitiva o cualquier otra ventaja de mercado, una ventaja en cuanto a costes de producción, una ventaja respecto a fidelidad de los clientes o cualquier otra ventaja sostenible que hiciera de la compañía una apuesta sólida. Es demasiado difícil interpretar lo que impulsa su éxito en el mercado o su éxito financiero. Es difícil estar atento al cambio. ¿No sería mucho más fácil comprar una compañía relativamente más simple que comercializara hamburguesas o batidos por un valor de varios miles de millones de dólares, como McDonald's?

Sí, lo sería para la mayoría de la gente. Pero algunos de ustedes, con una formación tecnológica, pueden entender toda esta jerga. Y también algunos de ustedes que no tienen los conocimientos suficientes pero que están deseosos de estudiar el sector y de estar al tanto de las últimas tendencias y

HÁBITO 8. COMPRE LO QUE ENTIENDA, ENTIENDA LO QUE COMPRE

desarrollos. Es posible que esté conectado a las últimas noticias y que tenga amigos inteligentes que trabajan en el sector que puedan explicarle los últimos desarrollos. Si usted tiene la aptitud, la inclinación y las conexiones con las últimas tendencias del sector, entonces podría aprender lo suficiente para ser capaz de invertir en este negocio.

Muchos inversores de nuestros días no se esfuerzan lo suficiente para aprender y entender las empresas en las que invierten. Algo les parece una buena idea y se tiran de cabeza sin esperar a comprender de verdad lo que están comprando. Gracias a la suerte, estas apuestas a veces funcionan, pero la verdad es que están muy lejos de ser metodologías de inversión sostenibles.

El test del sitio web

Cuando se planea una inversión, yo recomiendo que se visite el sitio web de la compañía para familiarizarse más con ella, con lo que hace, con sus productos y en cómo transmite al mundo exterior lo que hace. Si entiende lo que se ve en el sitio web y lo puede explicar fácilmente con sus propias palabras a otra persona, es que ha logrado el objetivo.

Si usted puede verse a sí mismo como el responsable de la creación del sitio web y piensa que podría haber hecho un trabajo tan bueno como el del verdadero responsable, entonces es probable que entienda el negocio. Por otra parte, si llega a la conclusión de que no hay la más mínima probabilidad de que usted hubiera creado, o incluso corregido, el sitio web de una compañía, lo más probable es que su dinero no está destinado a ser invertido allí.

Las mejores ideas de inversión son las que se pueden ver

Dos de los gurús de las inversiones de nuestra época con más seguidores, Peter Lynch y Warren Buffett, han hecho énfasis en la idea de adquirir empresas que se conozcan y se entiendan. Esta idea sigue de forma natural la idea empresarial de comprar acciones como si se compraran empresas. ¿Si usted no entendiera la empresa, se sentiría cómodo con su compra?

Peter Lynch, antiguo director del enorme fondo de inversión Fidelity Magellan, fue el autor del concepto original de adquirir lo que se conoce. Él señala que las mejores ideas de inversión son aquellas que se ven –ideas de las que se puede aprender y seguir la pista– en la vida cotidiana, en la calle, en el trabajo, en el centro comercial, en casa. Una compañía como Starbucks tiene sentido para Lynch porque se puede ver fácilmente la propuesta de valor y cómo se extiende más allá del propio café. Usted puede seguir la reacción de los clientes y la actividad de negocio, al menos en parte, frecuentando el local de su barrio.

No hace falta mencionar el tema de los iPods, iPads y su utilización –que han convertido a Apple en la compañía más valiosa del mundo– y hasta qué punto ha sido visible su éxito.

Como es sobradamente conocido, Buffett se ha aferrado a invertir en compañías que son fáciles de entender: pinturas, alfombras, servicios de electricidad (aunque también invierte en los increíblemente complicados negocios de seguros y reaseguros de accidentes en su empresa matriz Berkshire Hathaway). Ha rehuido las inversiones en el sector tecnológico porque no lo comprende y más probablemente porque su valor y preferencia para los consumidores varía con demasiada rapidez para poder seguirle el ritmo.

Los dos motivos son lógicos y, especialmente en retrospectiva, nos habrían evitado los problemas del crack de 2008-2009. Muchísimos inversores no comprendieron a las firmas financieras tan bien como habrían debido; las evidencias nos indican que dichas firmas ni siquiera se entienden a sí mismas.

Es evidente que nunca podrá entenderlo todo sobre las compañías en que invierta. Hay muchísima complejidad y detalles que no se ven incluso en el negocio de preparar y servir hamburguesas en un McDonald's. Además, hay una considerable cantidad de conocimiento que es confidencial, así que es probable que nunca llegue a sus manos. Por tanto, tiene que arreglárselas con lo que pueda saber y entender que el intríngulis está en los detalles. Si cuando uno analiza una compañía usted puede decir «cuanto más sabes, mejor» en lugar de «cuanto más sabes, más ignoras», estará mejor preparado.

No pase por alto el panorama global

Son abundantes las expresiones populares relativas a la importancia del panorama global cuando se toma cualquier clase de decisión. La frase «que los árboles no te impidan ver el bosque» no tiene un contexto más apropiado que cuando se relaciona con el tema de las inversiones.

HÁBITO 8. COMPRE LO QUE ENTIENDA, ENTIENDA LO QUE COMPRE

Las tecnologías y las preferencias de los consumidores cambian. Si duda de esta afirmación un solo segundo, piense simplemente en Eastman Kodak y la fotografía digital o en la evolución y aún incierta transición del PC a la tableta. Estos cambios influyen hasta en las mejores empresas. Añadámosle la idea del cambio que conllevan las tendencias demográficas (el envejecimiento de la población, por ejemplo) y los cambios en las leyes y las políticas (hacia la ecología, hacia la atención sanitaria universal, hacia mayores o menores tipos de interés, por ejemplo) y se acaba con un montón de cambios e influencias del «panorama general» que pueden afectar a su selección de acciones.

Muchos inversores utilizan el análisis sectorial como punto de partida. El análisis sectorial tiene sentido para captar y evaluar correctamente las tendencias más importantes del sector. El sector se convierte entonces en el campo de juego en el que evaluar dichas tendencias, a menudo a través de la lectura de análisis del sector publicados en los medios de comunicación general o en publicaciones profesionales del sector. Usted puede, y debería, aprender cómo es el sector de la construcción o del cuidado de la salud antes de invertir en una compañía de dichos sectores.

Una vez que comprenda las tendencias del sector, la selección de una o varias compañías del mismo será mucho más lógica.

¿Cumple la compañía los requisitos necesarios?

Como es de esperar, parte del proceso de comprensión de un negocio es entender los factores que impulsan su éxito. La mayor parte de la gente cree que se trata de comprender a fondo las finanzas. Este posicionamiento no es desacertado pero sí es incompleto, puesto que alguna cosa debe impulsar también las finanzas. Las finanzas son un indicador retrospectivo del éxito; a lo que más tarde me referiré como «intangibles», por ejemplo, la marca, la posición en el mercado y la gestión son indicadores prospectivos de las finanzas y, por tanto, son los indicadores prospectivos del global del negocio.

Tal como expondremos con más detalle en el resto de capítulos de la *Parte II*, el inversor prudente debería comprender, en la medida de lo posible, todo aquello que induce a la satisfacción de los clientes, las compras de los clientes, las ventas y los ingresos, y los costes y beneficios de la compañía.

Adquiera el hábito

- Asegúrese de que entiende aquella compañía que está pensando poseer.

- Sea capaz de describir de forma breve el negocio de la compañía a un familiar, por ejemplo.

- Asegúrese de que tiene la formación y las conexiones suficientes para descubrir lo que tiene que saber sobre una compañía.

- Si no la entiende, no la compre. Pase a otra. Hay multitud de compañías en el mercado.

Hábito 9

Evalúe los fondos de inversión de forma realista

A lo largo de los hábitos 4 al 8, hemos tratado de la idea de la diversificación, la segmentación de la cartera de valores, el trabajo inteligente y las inversiones en aquello que se conoce. Una de las mejores maneras de ser fiel a estos hábitos es con la utilización de los fondos como herramienta de inversión.

Los fondos pueden ahorrarle tiempo y completar su cartera de valores para cubrir aquellas áreas con las que usted está menos familiarizado, a la vez que añaden diversificación y seguridad a la cartera. Pero los fondos de inversión no son un fin en sí mismos y deberían utilizarse con prudencia y discreción para alcanzar objetivos específicos. No deberían utilizarse solamente porque están ahí a nuestra disposición, porque un asesor los recomienda, o porque todos sus amigos los tienen. Lo más importante es no convencerse de que solo porque es un fondo es una buena inversión. Dicho esto, reconozco que, sobre todo en determinados planes de jubilación patrocinados por las compañías,* los fondos de inversión son la única opción.

El *Hábito 9* trata de la utilización inteligente de los fondos de inversión. No impone su utilización, sino que está concebido para que usted tome buenas decisiones en todo aquello relativo a los mismos.

---

* Plan de diferimiento de impuestos patrocinado por la empresa que permite a los empleados contribuir con una parte de su salario bruto a un plan de ahorros o a un plan de participación en los beneficios de la empresa.

Entre los temas que trataremos se encuentran los tipos de fondos disponibles, costes y beneficios de los fondos y cómo evaluarlos de forma objetiva.

¿Qué son los «fondos»?

Los fondos de inversión son grupos de valores que se han *empaquetado* para constituir un solo valor que se puede comprar y vender como tal. Piense en los fondos de inversión como inversiones empaquetadas. Las inversiones empaquetadas facilitan la compra y la venta. Son elaboradas y comercializadas por un solo fabricante, tienen una lista definida de contenidos, una marca o etiqueta bajo la cual se venden, en algunos casos vía un canal de distribución (como su asesor financiero), y, muy importante, tienen un coste asociado a la provisión del paquete.

Como inversiones empaquetadas, también pueden considerarse como inversiones *gestionadas*. A un determinado nivel, lo que está incluido en el paquete está gestionado por un gestor de fondos profesional o un creador de índice a los que se contrata implícitamente para que hagan este trabajo para usted. Así pues, al adquirir fondos de inversión, usted está recibiendo una cierta ayuda profesional.

Para nuestros objetivos, podemos considerar dos tipos de fondos:

1. *Fondos comunes de inversión.* Son inversiones gestionadas que se suelen llevar al mercado como familias de fondo por asesores especializados en fondos. Muchas agencias de valores ofrecen también fondos de inversión. Los fondos comunes de inversión suelen gestionarse de forma activa, es decir, hay un ser humano a los mandos tomando decisiones de compra y de venta, aunque más recientemente algunos de ellos están simplemente ligados a índices. Cuando usted compra una participación de un fondo común de inversión, el dinero se utiliza directamente para comprar más títulos para la cartera, y automáticamente usted se convierte en propietario de una porción de la cartera proporcional a su participación en la propiedad del fondo. Cuando se compran y se venden fondos, se suele tratar directamente con el gestor del fondo, ya que dichos fondos no se negocian en los mercados bursátiles. Los fondos cobran por sus servicios, habitualmente una comisión de gestión y una comisión de marketing, la cual se valora frente al valor de la inversión subyacente del fondo (y, por tanto, sus participaciones) cada año.

2. *Fondos de inversión cotizados en bolsa (ETF).* Por razones que más adelante aclararemos, los ETF son el nuevo blanco de todas las miradas en el mundo de los fondos de inversión. En lugar de ser determinados «activamente» por un gestor de fondos humano, los contenidos de un «paquete» de ETF están determinados por un índice. Al principio, dichos índices se limitaban a los principales y más populares índices del mercado. El aumento del interés en los ETF ha dado lugar a una proliferación de índices (o tal vez a la inversa) como, por ejemplo, proveedores de energía eólica o productores de materias primas agrícolas. Los contenidos de los ETF reproducen los contenidos y las proporciones del índice. Las participaciones en circulación se negocian entre los inversores al igual que las acciones individuales. Los costes administrativos son valorados y eliminados de la cartera, pero la simplicidad, la ausencia de un gestor de fondos humano y los reducidos gastos de marketing (es decir, sin comisiones) significan que los costes totales pueden ser mucho más bajos que sus homólogos, los fondos comunes de inversión.

Los principios básicos: acciones individuales frente a fondos de inversión

Las inversiones empaquetadas son ofrecidas por intermediarios, que pueden ser compañías de inversiones con directivos profesionales que seleccionan inversiones concretas y que a su vez supervisan la cartera. También pueden ser índices, donde grupos de acciones similares se acumulan en un índice de acuerdo con algún tipo de fórmula generalmente prefijada. La mayoría de fondos comunes de inversión son gestionados profesionalmente y la mayoría de los ETF están ligados a índices, pero hay excepciones en ambas partes. En cualquier caso, al comprar por medio de dichos intermediarios, se está renunciando a la selección de acciones individuales en favor de unas acciones empaquetadas que a veces son gestionadas profesionalmente.

Por supuesto, como cualquier propuesta de valor, usted está renunciando a algo con el propósito y el interés de ganar algo más. Este «algo más» que usted está tratando de ganar a través de la utilización de unas acciones empaquetadas suele ser una combinación de lo siguiente:

- *Tiempo.* No dispone del tiempo que hace falta para investigar y gestionar acciones individuales en el 100 por cien de su cartera de valores.

- *Conocimientos y experiencia.* En el caso de fondos gestionados, usted accede a un profesional de la inversión capacitado y experimentado. Tendrá que contratar a otras personas para que hagan el trabajo y así eliminar el aspecto emocional en la toma de decisiones de inversión.
- *Diversificación.* Por definición, tanto los fondos indexados como los gestionados distribuyen sus inversiones para no estar demasiado ligados a una sola compañía, lo cual suele ser generalmente positivo, a menos que eliminen cualquier posibilidad de superar al mercado (véase *Hábito 4*). Los fondos comunes y los ETF le permiten también participar en otros mercados a los que de otro modo sería difícil acceder por falta de conocimiento o tiempo (por ejemplo, las acciones de crecimiento de China, energías alternativas, etc.).
- *Comodidad.* Lleva trabajo construir y gestionar una cartera de inversiones. Con los fondos de inversión usted puede entrar y salir de los mercados con una sola transacción.

Es evidente que cualquier propuesta de valor conlleva desventajas, y las correspondientes a los fondos comunes e indexados son a menudo infravaloradas por los inversores:

- *Comisiones y costes.* Como es de esperar, los fondos, y especialmente los fondos comunes de inversión, cobran por el paquete y los servicios que prestan. Los fondos gestionados de forma activa pueden llevarse entre un 0,5 y más de un 2 por ciento del valor de su activo cada año, tanto si su evolución es buena como si no. Si usted comprende las matemáticas del interés compuesto (véase *Hábito 2. Conozca y utilice las matemáticas básicas de la inversión*) ya sabe que la diferencia entre un rendimiento del 5 por ciento y uno del 3 por ciento neto sin comisiones a lo largo del tiempo es enorme. Los fondos indexados y los ETF son mejores en este aspecto, ya que suelen cobrar entre el 0,10 y el 0,50 por ciento, pero, con todo, estos cargos siguen siendo una sangría para los resultados de sus inversiones.
- *Eficiencia fiscal.* Cuando los fondos comunes de inversión venden participaciones, las ganancias obtenidas fluyen hacia usted (a menos que los tenga en una cuenta libre de impuestos o en un plan de pensiones de impuestos diferidos). Usted no puede controlar cuándo esto ocurre y muchos fondos rotan sus carteras con frecuencia, lo que genera consecuencias adversas de índole fiscal. Asimismo, debe vigilar que su entrada en el fondo se produzca después de que se hayan pagado las ganancias de capital, no antes, o si no estará pa-

gando realmente los impuestos sobre las ganancias de otra persona. Los fondos indexados y los ETF son menos propensos a generar ganancias «no deseadas», ya que ligan sus inversiones a los índices, los cuales no varían mucho su composición y, por tanto, no dan lugar a muchas compras y ventas dentro del fondo.

- *Control.* Con los fondos de cualquier tipo se pierde el control y pocas cosas son más dolorosas que alguien pierda dinero para usted. Sobre todo con los fondos gestionados, usted no sabe realmente lo que están haciendo con su dinero, excepto en retrospectiva, ya que solo revelan trimestralmente los datos completos de sus valores en cartera.

- *Tendencia hacia la mediocridad.* Una de las mayores críticas que se han hecho a los fondos de inversión a lo largo del tiempo es la tendencia que tienen sus gestores a seguirse mutuamente y a seguir las fórmulas estándar de inversión y de gestión de riesgos que se enseñan en las escuelas de negocios. Lo que se suele obtener en la práctica es un instinto de rebaño, conocido en el sector como «imperativo institucional». Puede observarse esta forma de actuar en muchos fondos —seleccione cualquier fondo y verá que entre las diez primeras compañías se encuentran GE, Microsoft y ExxonMobil—. Peor aún, cuando usted adquiere un fondo, en especial un fondo indexado, usted se queda con todas las compañías del sector —incluidas las mediocres y las que se venden a las primeras de cambio— y no solo las mejores.

Por tanto, como *hábito*, usted debería recurrir a los fondos sobre todo cuando no tenga tiempo ni seguridad para invertir. O también puede acceder a ellos para tener una cierta exposición a un sector o segmento del mercado que de otro modo sería de difícil acceso o ajeno a sus conocimientos y experiencia. Utilice los fondos para completar una cartera de valores o para crear una cartera básica o rotativa (véase *Hábito 5. Segmente su cartera de valores*) y ahórrese tiempo y ancho de banda para concentrarse más a fondo en las otras inversiones más *oportunistas*.

Los principios básicos: comparación entre fondos comunes y fondos ETF

El número de fondos ETF han crecido, desde el primero que se lanzó en 1993, hasta cerca de 100 en 2001 y más de 1.300 en la actualidad. ¿Qué tienen tan de bueno y qué resulta de la comparación con los fondos comunes de inversión? Entre otras ventajas menos significativas, hay dos que son esenciales:

1. *Transparencia.* Cuando usted adquiere un fondo, le gustaría saber qué hay en dicho fondo, es decir, qué hay dentro del paquete. No quiero decir que tenga que saberlo todo acerca de cada título del fondo, sino que por lo menos le gustaría tener una idea general de lo que posee el fondo y en qué cantidad. Los ETF ofrecen dicha transparencia. Puede ver los activos del fondo cada día, no solo en un informe trimestral. Veamos un apéndice a esta idea de transparencia: la mayoría de los ETF (todos menos treinta y cuatro que son gestionados de forma activa) están construidos alrededor de un índice bien consolidado. El fondo compra y vende acciones casi exactamente como lo hace el índice. De ese modo, usted puede ver lo que está sucediendo y no tiene un gestor del fondo que toma decisiones que usted no conoce y que tal vez no aprobaría.

2. *Coste.* Los ETF se han convertido en un modelo de bajo coste porque replican índices, porque operan como acciones (más sencillo) y porque el público inversor estaba harto de pagar generosas retribuciones a gestores de inversiones que ni siquiera eran capaces de igualar el rendimiento de los principales índices bursátiles, como el S&P 500 o el EUROSTOXX, por ejemplo. Las comisiones medias de los ETF ascienden al 0,6 por ciento —y muchos incluso a menos— a diferencia de una cifra superior al 1 por ciento que cobran los fondos comunes de inversión (eran superiores al 1 por ciento actual pero han tenido que disminuirlas gracias a la presencia y competencia de los ETF). Además, es mucho más fácil comprar y vender los ETF. Cierto, usted tendrá que pagar una comisión de corretaje, que podría ascender a 10 euros o incluso menos en una agencia de valores *online*, pero es mucho más fácil entrar, salir y cambiar sus preferencias de fondos.

Así pues, ¿cuáles son las desventajas? Entre los defectos de los ETF se encuentran los siguientes:

• *Exceso de diversificación frecuente.* Por naturaleza, los ETF compran cestos de títulos. Esta diversificación puede ser positiva porque le aísla de los problemas que podría tener una compañía concreta. BP, una gran compañía del sector petrolífero, sufrió en 2010 un enorme desastre en el Golfo de México, es un ejemplo. El sector energético tiene un gran futuro a largo plazo, pero aquí tenemos el ejemplo de una compañía que perdió casi la mitad de su valor a causa de un accidente. La adquisición de un EFT de energía compuesto por muchas y grandes compañías multinacionales le liberaría de esta amenaza. Pero si este ETF ha incorporado a todas las compañías en su cartera, usted ya sabe que andan mezcladas las buenas y las malas. Sabe desde el principio que no podrá batir los rendimientos de dicho sector porque usted es propietario de todo el sector y sufrirá gastos mientras lo sea. Por tanto, a menos que usted intente replicar un índice completo como el S&P 500, nosotros tendemos a huir de aquellos fondos que tienen demasiadas acciones en su cartera, digamos más de 100 acciones. El número de activos de la mayoría de los ETF oscilan entre 20 y más de 1.800.

- *Con todo, hay un intermediario.* Hay un coste, y aunque solo sea del 0,20, 0,30, o tal vez del 0,50 por ciento, ese coste se deduce continuamente de su inversión. También existe algo llamado *tracking error* (error de seguimiento o replicación), que surge cuando el intermediario no puede ajustar la composición de la cartera para que refleje exactamente el índice. Por tanto, podría ocurrir que usted no obtuviera el nivel de rendimientos que tenía en mente.
- *Los índices pueden ser complejos.* Los ETF y sus índices son «productos» financieros y todos sabemos que la última década ha sido la época de la «ingeniería financiera» y que algunos de sus productos de ingeniería han sido diseñados con unas características de extrema complejidad. Por tanto, son complejos y difíciles de entender la selección y los mecanismos de ponderación de determinados índices y usted debería dedicar el tiempo suficiente a este fin antes de comprometer importantes sumas de dinero. (Por cierto, usted puede obtener una descripción bastante buena de un índice subyacente introduciendo su nombre en un motor de búsqueda.)

Evaluación de los fondos

Creo que ha sido necesaria la exposición práctica que hemos realizado hasta aquí acerca del mundo de los fondos para, ante todo, tomar decisiones inteligentes sobre la utilización de los fondos (fondos comunes de inversión y los ETF). Pero en el transcurso de su proceso inversor, usted tendrá que tomar decisiones no solo sobre si recurrir o no a los fondos de inversión, sino también respecto a qué fondos utilizar.

El análisis de un fondo determinado es complejo y a menudo, sobre todo con los fondos comunes de inversión, hay que abrirse paso a través de los «mensajes» de marketing y ventas para comprender lo que realmente se está adquiriendo y lo que realmente cuesta. Esto no siempre es fácil (yo me río por lo bajo cuando una compañía de fondos publicita las virtudes de los mismos, exclusivamente sobre su marcha en el pasado –el tiempo avanza, no retrocede–). Veamos a continuación un enfoque simplificado en cuatro pasos para evaluar un fondo que debería convertirse en *hábito* para los inversores en fondos.

- *Congruencia con los objetivos de inversión.* ¿Hace un fondo lo que usted pretende hacer? Supongamos que usted quisiera invertir en las economías emergentes asiáticas. Chequearía toda una serie de fondos internacionales y descubriría que la mayoría de sus activos están en Canadá, Inglaterra, Francia y Alemania. Existe una multitud de fondos –casi 10.000 en el último recuento– y, por tanto, es coherente que vaya de compras hasta que encuentre lo que busca. Ello exige también que usted...
- *Inspeccione lo que hay debajo de la superficie.* Utilice medios *online*, como *www.morningstar.es/es/*, por ejemplo. En mi opinión Fidelity es el mejor (*www.fidelity.com*), pero también los sitios web de fondos pueden ayudar a ver lo que el fondo realmente posee. ¿Cuántas acciones u otros títulos están dentro del paquete? ¿Qué acciones y otros valores forman parte del paquete? ¿Le gustaría ser propietario de los valores individuales que forman parte del fondo? Si la respuesta no es «sí», probablemente no debería ser propietario del fondo.
- *Rendimiento.* Aunque como se dice en este ambiente «rendimientos pasados no garantizan rendimientos futuros», probablemente merece la pena hacer un pequeño *tour* por el pasado para ver si el fondo se ha defendido razonablemente frente a los principales índices del mercado. Después de todo, la razón para adquirir cualquier fondo –o cualquier acción o grupo de acciones– es superar (aunque sea ligeramente) a la tasa de rendimiento del mercado. Si no puede hacer esto, podría invertir el 100 por cien en un ETF indexado (algunos cobran comisiones inferiores al 0,10 por ciento) y váyase de compras o a jugar a golf.
- *Coste.* Como con cualquier otro producto (y si usted no piensa en los fondos como productos, es que va por el camino equivocado)

usted lo comprará si vale el dinero –comisiones y gastos– que paga por él. Conozca y comprenda estas comisiones y gastos y sepa qué está obteniendo a cambio.

Adquiera el hábito

- Comprenda las ventajas de los fondos frente a las acciones individuales, sepa cuándo los fondos encajan mejor con sus necesidades y actúe en consecuencia. Elabore una estrategia relativa a la utilización de fondos en su cartera como, por ejemplo, lograr diversificación a nivel internacional, exposición a materias primas, a acciones de pequeña capitalización, etc.

- Sepa cómo los fondos de inversión y los ETF se comparan entre sí; esté preparado para comprar los fondos comunes de inversión y los ETF para rellenar los vacíos que se puedan producir en su cartera de valores.

- Evalúe los fondos según congruencia objetiva, valores en cartera, rendimiento y coste. Ponga a prueba el fondo para determinar si realmente hace lo que dice que hace y lo que usted quiere que haga.

- Evite la adquisición de fondos que coinciden en parte (demasiada diversificación).

- No crea que el fondo es apropiado para usted solo porque proceda de una famosa firma de bolsa y esté empaquetado en un bonito envoltorio. Es igual que cualquier otro producto y debería evaluarse como corresponde.

Hábito 10

Valore los fundamentos

Todos los negocios tienen fundamentos. Los *fundamentos* son hechos básicos y medibles acerca de un negocio que ayudan a explicar a las personas de dentro (es decir, la dirección de la empresa) y a las personas de fuera (es decir, los inversores) cómo marchan las cosas. Los fundamentos son para una empresa lo mismo que los instrumentos de la cabina de vuelo para un avión –velocidad aerodinámica, consumo de combustible, altitud, reserva de combustible y dirección son los más importantes–. Cualquier desviación de la norma en cualquiera de las señales fundamentales hace que sea necesaria una acción correctora. Si todos los fundamentos fracasan a la vez, usted estará metido en un problema colosal.

La mayoría de fundamentos de un negocio se presentan en forma de datos financieros expresados en cifras monetarias. Algunos comparan cifras operacionales mensurables con algún aspecto financiero como, por ejemplo, las ventas por metro cuadrado en el sector detallista. Los fundamentos pueden expresarse en unidades monetarias (por ejemplo, existencias), porcentajes (margen de beneficio) o ratios (ventas por empleado).

Cuando se ha propuesto ser propietario de una empresa, su tarea es comprender las finanzas y los factores que impulsan el éxito de la compañía. Su tarea, como propietario actual o futuro de una empresa, es decidir:

- ¿Son correctos los datos financieros?
- ¿Están mejorando o empeorando?
- ¿Querría usted ser propietario de esta empresa?

¿Cuáles son los fundamentos «estratégicos»?

Los fundamentos del negocio pueden medir cualquier cosa respecto a una empresa, pero habitualmente miden alguna cosa relativa a activos, pasivos, ingresos o gastos del negocio, o bien la relación existente entre dos o más de ellos. Por ejemplo, las ventas por metro cuadrado es una medida de eficiencia que cuantifica los ingresos generados por unidad de espacio de venta, un activo.

Los cientos de cosas que usted podría medir ocuparían una enorme cantidad de tiempo y la mayoría de ellas, por ejemplo las ventas por camión de reparto, no tendría sentido. Para muchas otras, sería difícil decidir lo que es «positivo» o «negativo». Aquí es donde es mejor ser un inversor que un directivo implicado directamente en la marcha de la empresa. No tiene que analizar demasiado a fondo, tan solo unos pocos fundamentos estratégicos clave para juzgar el desempeño de la compañía.

¿Por qué son importantes los fundamentos?

Los fundamentos pueden decirle si la empresa marcha bien, si va por el camino correcto y, aún más importante, pueden señalar si las cosas están mejorando o empeorando.

Los estados financieros ofrecen un historial de la marcha de la compañía, es decir, cuánto se ha vendido, cuánto cuesta producir dichas ventas, cuáles son los activos que posee para hacer funcionar el negocio y lo que debe a los demás. Casi todos los datos financieros miran al pasado. Reflejan el desempeño de la compañía en el pasado, aunque algunos, como las deudas a largo plazo, indican algo acerca del futuro desempeño.

Tanto el directivo de la empresa como el inversor conocen y comprenden el pasado y las mediciones de dicho pasado. Una empresa con un pasado o una actualidad deficiente es sospechoso desde el principio, pero es que incluso un desempeño soberbio en el pasado no es garantía de éxito en el futuro. (Le recuerdo de nuevo el ejemplo de Eastman Kodak o de Abengoa.)

Por tanto, los fundamentos financieros –incluso los más estratégicos– son solo una parte de la historia, en el mejor de los casos. También se deben examinar los activos *intangibles*, las características de la empresa con respecto a su mercado, su dirección y gestión, los canales de venta, etc., para tener una imagen completa (como veremos en los hábitos 12 al 15).

A fin de cuentas, los fundamentos financieros ponen de manifiesto la solidez y la fuerza de dos activos intangibles clave:

1. ¿Hasta qué punto es fuerte la compañía en su mercado?
2. ¿Hasta qué punto convierte la dirección esa solidez y fuerza en beneficios económicos?

Los inversores inteligentes adquieren el hábito de interpretar ambas cualidades.

Sea realista: unas pocas palabras acerca de la «magia» de la contabilidad

La contabilidad es el idioma y el proceso de medición de la actividad empresarial. La mayoría de los fundamentos del negocio surgen de procesos contables.

A diferencia de lo que se percibe a nivel general, la contabilidad de los activos y la actividad de la empresa no es siempre una ciencia precisa. De hecho, puede haber bastante arte involucrado en la contabilidad, sobre todo en lo referente a activos del negocio e ingresos del negocio.

¿Por qué? Porque mientras que el precio de adquisición de los activos más físicos es conocido, el valor de los mismos a lo largo de los años se basa en un cálculo más bien subjetivo. Hay muchos activos, como la propiedad intelectual, que esquivan del todo una evaluación precisa. ¿Qué valor tiene una patente? ¿Cuál es el valor de una empresa adquirida? Al igual que una acción que compra, usted sabe lo que pagó por ella, ¿pero cuál es su valor real en términos de rendimientos futuros para la compañía adquirente? Será una cifra bastante subjetiva.

Asimismo, el beneficio neto puede ser un tanto subjetivo. ¿Cuántos gastos de amortización se han deducido del valor los activos y, por tanto, del beneficio? ¿Cuántos «gastos» se han considerado para amortizar activos intangibles como patentes y otro tipo de propiedad intelectual? ¿Cuáles han sido los gastos de «reestructuración» en que se ha incurrido? Las normas ofrecen a los contables y directores de las compañías una flexibilidad considerable para «gestionar» las ganancias declaradas, así como los valores de activos.

En resumidas cuentas: mientras que los activos y las ganancias pueden valorarse de un modo un tanto subjetivo, las deudas son reales como también lo es la liquidez. Las deudas deben pagarse tarde o temprano; en su valoración no hay subjetividad ni «arte». Asimismo, dinero es dinero, y es un factor de vida o muerte para un negocio.

Así pues, consideramos los activos y las ganancias como medidas importantes de la actividad de la empresa, pero también sabemos que hay una cierta subjetividad en dichas medidas. Al mismo tiempo, contemplamos la deuda, el dinero en efectivo y las entradas y salidas de caja como valores irrefutables; ni el dinero que tenemos en la caja ni las deudas contraídas mienten.

Ofreceremos más información sobre esto en el *Hábito 11. Busque la liquidez en los lugares apropiados.*

Los fundamentos estratégicos adecuados

Exponemos a continuación una serie de pruebas de fuego de los fundamentos estratégicos de una compañía que usted debería llevar a cabo antes de comprar una empresa y mientras sea propietario de la misma.

Márgenes de beneficio. ¿Sustanciosos, mejores o peores?

Me gustan las compañías rentables, ¿a quién no? Pero lo que realmente importa es el tamaño del margen y, sobre todo, su crecimiento. Si una compañía tiene un margen bruto (ventas menos costes de los productos vendidos) superior al de sus competidores, está demostrando que hace algo bien, probablemente con sus clientes y/o con sus costes. Pero, lamentablemente, eso no es tan fácil. El análisis competitivo es escurridizo; es difícil encontrar una fuente de márgenes brutos del «sector» que sea fiable y la comparación entre compañías competidoras puede ser difícil porque dos compañías no son exactamente iguales: es muy fácil mezclar peras con manzanas.

Me gusta ver en qué dirección se mueve el margen bruto, hacia arriba o hacia abajo. Un margen bruto creciente denota que la compañía está haciendo algo bien. Un margen bruto descendiente indica que la competencia es más fuerte, los costes de los *inputs* más altos o la gestión directiva, menos eficaz. También es lógico tener en cuenta el contexto económico general: en una economía pobre, las compañías que puedan proteger sus márgenes saldrán ganando.

¿Produce una compañía más capital del que consume?

No le quepa duda, me gusta el dinero. Y puro y simple, me gustan las compañías que producen más liquidez de la que consumen.

A fin de cuentas, la generación de liquidez es la medida más simple del éxito de una compañía, especialmente en una consideración a largo plazo. Es evidente que si una compañía compra un avión o inaugura una fábrica o una serie de tiendas un trimestre determinado, su flujo de caja será negativo. Pero se tratará de algo puramente temporal; a largo plazo debería producir liquidez, no consumirla.

Las compañías que tienen que pedir préstamos o emitir acciones continuamente para recaudar dinero suficiente con el objetivo de mantenerse en el negocio están en el mal camino. ¿Cómo se puede determinar esta situación? Tendrá que familiarizarse con el Estado de Flujo de Caja en los informes financieros de una compañía. Vea de nuevo el *Hábito 11. Busque la liquidez en los lugares apropiados.*

¿Están los gastos bajo control?

Al igual que ocurre en su hogar, los gastos de una compañía deberían manejarse de forma prudente y tenerse bajo control. Cualquier otra cosa, especialmente si no hay explicación, debe interpretarse como una señal de aviso. El mejor modo de testarlo es controlando si los gastos de venta, generales y administrativos están aumentando y, más concretamente, si están creciendo más que las ventas. Si es así, es una señal de aviso (no necesariamente de alarma o peligro), pero si continúa nos está indicando que algo está fuera de control y que tarde o temprano afectará a la compañía.

En la reciente recesión, las compañías que han sido capaces de reducir sus gastos para acompasarse a los descensos de ingresos han salido adelante. En épocas más prósperas, las compañías que consiguen que sus gastos crezcan más lentamente que las ventas llegan a ser más rentables y, por tanto, menos vulnerables a los efectos de la próxima crisis económica.

¿Sigue el capital circulante la trayectoria de la empresa?

El concepto de capital circulante es difícil de captar, incluso para los pequeños empresarios que conviven con sus altibajos cotidianamente. Un capital circulante insuficiente es una de las principales causas de desaparición de pequeñas empresas. Sus cambios pueden ser indicativos de éxitos o dificultades.

El capital circulante es como el torrente circulatorio de la empresa. El dinero entra y el dinero sale, y el capital circulante es lo que circula por las venas y las arterias. En su sentido más estricto es igual a la liquidez, efectos a cobrar y existencias menos las deudas a corto plazo. Es lo que se tiene menos lo que se debe, dejando a un lado los activos fijos, como planta de fabricación, almacenes y equipo.

Si los efectos a cobrar aumentan, parece que es positivo –más gente le debe más dinero–. Pero cuando los efectos a cobrar aumentan y las ventas no lo hacen, significa que la gente no paga las facturas, o peor aún, la empresa tiene que endeudarse más para lograr el mismo nivel de ventas. Igualmente, un incremento de las existencias sin un correspondiente aumento en las ventas quiere decir que a la empresa le cuesta más dinero –más capital circulante– para llegar al mismo volumen de negocio. A menos que la empresa tenga suerte, más existencias significan más obsolescencia y, posiblemente, más ventas con grandes descuentos o cancelaciones contables del valor de estos activos.

Por tanto, un inversor perspicaz comprobará que las partidas más importantes del capital circulante –efectos a cobrar y existencias– están creciendo más lentamente que las ventas. En efecto, una compañía que genera más ventas sin necesidad de aumentar el capital circulante está operando de un modo más eficiente.

¿Tiene la compañía demasiadas deudas?

Como ocurre con muchos otros *fundamentos*, usted puede estrujarse el cerebro mirando las cifras de las deudas y tratando de decidir si están en línea con los niveles de los activos, los niveles del capital y las normas del sector. Un test sencillo al respecto consiste en comprobar si las deudas a largo plazo están aumentando o descendiendo, en especial, si están aumentando más rápidamente que el crecimiento del negocio. Las medallas de oro son para las compañías con pocas o ninguna deuda y para aquellas capaces de crecer sin necesidad de endeudarse de forma importante a largo plazo. ¿No aparecen deudas en el balance? Ese suele ser un dato muy positivo.

¿Comunica la compañía buenos resultados de forma sistemática?

Aquí entramos en zona de peligro, porque el equipo de dirección de muchas compañías ha aprendido a *gestionar* la cifra de sus ganancias y ofrecer unas mejoras continuas, superando siempre las estimaciones de consenso de los analistas en uno o dos centavos. Por tanto, la estabilidad es un elemento positivo para los inversores y las compañías que son capaces de gestionar hacia la estabilidad obtienen puntos extra. Merece la pena comprobarlo, pero adoptando la cautela proverbial.

Con todo, una compañía que es capaz de gestionar sus ventas, ganancias, flujo de caja y niveles de deudas de forma más sistemática que sus competidoras y tal vez más sistemáticamente de lo que sugerirían los altibajos de la economía, es deseable (o por lo menos más deseable que las posibles alternativas).

Adquiera el hábito

- Recuerde que los fundamentos son resultados del pasado, mientras que los activos intangibles como la marca, la posición en el mercado y la excelencia en la dirección y gestión pronostican los resultados del futuro.

- Recuerde que los fundamentos miden el desempeño de la empresa en términos absolutos, el desempeño relativo a lo largo del tiempo (tendencias) y la eficiencia.

- Utilice los fundamentos para medir (1) la fortaleza de la empresa en el mercado, y (2) el grado de efectividad de la dirección y gestión de la empresa para convertir esta fortaleza en beneficios económicos.

- Cree su propia lista de «fundamentos estratégicos». Utilice esta lista como prueba de fuego para compañías que ya posee o planea adquirir.

Hábito 11

Busque la liquidez en los lugares apropiados

¿Por qué invierte? Bien, para ganar dinero, por supuesto. Obténgalo, manténgalo, hágalo crecer. De esto se trata.

Supongamos que usted ha ganado dinero a lo largo de los años, pero la única constancia de ello ha sido un asiento contable. Un informe por escrito. Usted es propietario de una compañía, pero jamás ha visto que un solo céntimo de sus ganancias haya ido a parar a su bolsillo. En cambio, se quedan en la compañía como «ganancias retenidas». Suponga, además, que dichas «ganancias retenidas» han sido en gran medida el resultado de una transacción contable, por ejemplo, un mayor valor contable de los activos propios, o el «fondo de comercio» de una adquisición. ¿Son equiparables dichas «ganancias» a dinero en su bolsillo? Tal vez sí, pero tal vez no.

A largo plazo, la única medida verdadera del éxito de una compañía es la cantidad de liquidez que es capaz de generar: dinero en los bolsillos de la compañía que, con el tiempo, debería convertirse en dinero en el bolsillo de usted. Actualmente, no es difícil encontrar un ejemplo en el que el dinero real era mejor que una cifra arbitraria –recuerde lo que sucedió en el *boom* inmobiliario–. Si vendió, usted obtuvo liquidez real a cambio de su casa. Si no vendió, el aumento de precio de su casa era un mero ejercicio de valoración que, en este caso, demostró estar equivocado.

Fíjese que no estoy diciendo que las «ganancias» generadas en una empresa sean algo negativo. Simplemente estoy diciendo que el dinero es aún mejor. Como inversor perspicaz, usted debería adquirir el hábito de averiguar cómo se desempeña la empresa en el aspecto de liquidez y, de vez en cuando, debería esperar recibir parte de dicha liquidez.

Así pues, como inversor, debería prestar siempre atención a los activos y las ganancias, pero todavía más a la liquidez y las deudas.

- ¿Genera o consume dinero la compañía?
- ¿Remunera monetariamente la compañía a los accionistas?

Adquiera el hábito de leer el flujo de caja o efectivo de un negocio. Tendrá que hacer un trabajo detectivesco utilizando como puente principal el estado de flujos de caja.

Conozca la diferencia entre ganancias y liquidez

La liquidez es el dinero ganado con esfuerzo y acumulado por una compañía en el transcurso de su vida, y gastado y realmente pagado para adquirir alguna cosa, como ocho horas de trabajo, materias primas, un edificio o una máquina que es necesaria para fabricar algo.

Así pues, ¿por qué no son lo mismo «ganancias» que «liquidez». ¿Por qué son independientes los estados de pérdidas y ganancias y los estados de flujo de efectivo o de caja?

Supongamos que usted es el director de una línea aérea. Vende billetes de vuelo y recibe dinero, habitualmente de las compañías de tarjetas de crédito, prácticamente al mismo tiempo en que se adquieren los billetes. Por tanto, las diferencias de tiempo, si es que existen, son muy pequeñas. Si en un mes determinado usted vende billetes de vuelo por valor de 100.000 euros, probablemente recibirá dinero en efectivo por valor de 100.000 euros. Los ingresos y la liquidez están estrechamente asociados.

Sin embargo, las líneas aéreas tienen aviones, ¿no es cierto? Las compras de los aparatos son costosas y se suelen hacer cada veinte años, aproximadamente. Usted invierte 20 millones de euros en un avión y no vuelve a hacerlo hasta después de veinte años. ¿Se empareja en este caso el gasto con el flujo de caja?

Bien, podría hacerse. Pero no sería una idea muy buena, ya que su aerolínea comunicaría unas excelentes ganancias durante diecinueve años y luego unas pérdidas terribles en el año en que se adquirió o reemplazó el aparato.

Para manejar esta situación, los contables han propuesto el concepto de *depreciación* o amortización de los activos. De acuerdo con este concepto, la compra por valor de 20 millones de euros se distribuye a lo largo de los veinte años como gastos anuales, quizás a razón de 1 millón de euros al año según la denominada amortización lineal, o según otra fórmula autorizada por la normativa contable. En este ejemplo, los flujos de caja difieren significativamente de las ganancias comunicadas, los gastos y los flujos de ganancia, porque estos últimos han sido ajustados por la amortización o depreciación.

La amortización es realmente una buena idea y hace que el negocio sea más manejable año tras año. Este alisado también ayuda a los inversores. Pero hay muchas otras transacciones que utilizan liquidez y no incorporan los gastos correspondientes y los inversores también tienen que ser conscientes de aquellas. Si usted dirige una empresa concesionaria de automóviles y gasta dinero para comprar algunas existencias, ¿está registrando algún tipo de gasto? No, ya que un activo simplemente se ha transformado en otro. Pero usted está consumiendo dinero en efectivo para adquirir existencias y emplear dinero en efectivo para tener existencias podría ser algo muy negativo si se utiliza en exceso para este fin.

La conclusión es que los inversores deberían vigilar tanto las ganancias como la liquidez. El ejemplo de las líneas aéreas es un caso extremo a causa del enorme coste y la prolongada vida útil del avión, pero en todas las empresas, incluidas las aerolíneas, los flujos de caja deberían emparejarse con los flujos de ganancias a lo largo del tiempo. A causa de las otras formas en que una empresa puede utilizar o generar liquidez, también es lógico —y, de hecho, es imprescindible— vigilar los flujos de caja. Los contables pueden hacer trucos con los estados de pérdidas y ganancias dentro de la ley, pero no pueden hacer trucos con el dinero en efectivo a lo largo del tiempo. Una compañía que no es capaz de generar liquidez suficiente al final la agotará y, en última instancia, quebrará.

Interprete el estado de flujos de caja

Cuando leen los estados financieros, si es que los leen, muchos inversores principiantes se detienen en la cuenta de pérdidas y ganancias y en el balance de situación. Estos dos estados ofrecen mucha información sobre la salud de la empresa y si usted los lee hace muy bien. Pero como muchos activos y partidas de gastos, como la amortización y los aumentos o disminuciones de existencias, o influyen en las ganancias de forma arbitraria o no influyen en absoluto en ellas, y usted, como inversor perspicaz, debería completar la vigilancia con un examen detallado del estado de flujos de caja.

Todas las empresas generan un estado de flujos de caja, del que exponemos un ejemplo típico en la figura 11.1 (véase página 109), correspondiente a Procter & Gamble Company para el periodo 2009-2011.

¿Está produciendo P&G más liquidez de la que consume? ¿Disfrutan los accionistas de los beneficios de la generación de liquidez de P&G? ¿Parece estar bien gestionada la liquidez de P&G?

La respuesta a las tres preguntas anteriores es afirmativa. Para llegar a esta conclusión revisemos a continuación el estado de flujos de caja.

Observemos, en primer lugar las ganancias netas comunicadas por P&G para los tres ejercicios anuales, es decir, las ganancias netas obtenidas mediante los métodos de contabilidad tradicionales. El estado de flujos de caja muestra ajustes a esta cifra que contabilizan partidas de ingresos y gastos líquidos y no líquidos, como las amortizaciones, la revalorización de activos y las transferencias entre tipos de activos. Después de esta primera cifra, hay tres categorías de ajustes:

Flujos de caja de las actividades de explotación

Los flujos de caja de las actividades de explotación representan la «caja registradora» de las operaciones del día a día. Se contabilizan aquí las sumas recibidas de los clientes y las que se han pagado directamente para fabricar los productos. A menos que la compañía vaya realmente mal, el valor suele ser positivo y representa el dinero en efectivo obtenido por las ventas menos el coste de los productos vendidos, junto a los ajustes para activos no líquidos como las amortizaciones y para los aumentos y disminuciones en las partidas del capital circulante como las existencias o los efectos a cobrar. En el ejemplo, P&G contabilizó 2.800 millones de dólares en concepto de amortizaciones como un gasto en 2011, pero esta es una transacción contable; en realidad no ha salido dinero de la compañía y, por tanto, hasta ahora, el flujo de caja es la suma de los 11.797 millones de dólares de ganancias netas más los 2.838 millones de dólares correspondientes a gastos de amortizaciones en los que no se ha producido ninguna salida de dinero de la compañía.

Los ajustes del capital circulante incluyen una variación negativa de 501 millones de euros de existencias. Eso significa que la liquidez de la compañía se ha utilizado para adquirir existencias. Si esta cifra hubiera

Ejercicio anual con fecha de cierre	30 de junio de 2011	30 de junio de 2010	30 de junio de 2009
Ganancias netas	11.797.000	12.736.000	13.436.000
Flujo de caja de las actividades de explotación			
Amortizaciones	2.838.000	3.108.000	3.082.000
Ajustes a las ganancias netas	339.000	(2.181.000)	(1.265.000)
Variaciones en los efectos a cobrar	(426.000)	14.000	415.000
Variaciones en las deudas o pasivo exigible	358.000	2.446.000	(742.000)
Variaciones en las existencias	(501.000)	86.000	721.000
Variaciones en otras actividades de explotación	(1.174.000)	(109.000)	(728.000)
Flujos de caja totales de actividades de explotación	**13.231.000**	**16.072.000**	**14.919.000**
Flujos de caja de las actividades de inversión			
Inversiones en activos no corrientes	(3.306.000)	(3.067.000)	(3.238.000)
Inversiones	73.000	(173.000)	166.000
Otros flujos de caja de actividades de inversión	(249.000)	2.643.000	719.000
Flujos de caja totales de actividades de inversión	**(3.482.000)**	**(597.000)**	**(2.353.000)**
Flujos de caja de las actividades de financiación			
Dividendos pagados	(5.767.000)	(5.458.000)	(5.044.000)
Compras o ventas de acciones	(5.737.000)	(5.283.000)	(5.689.000)
Endeudamiento neto	1.481.000	(6.514.000)	(81.000)
Otros flujos de caja de actividades de financiación	—	—	—
Flujos de caja totales de actividades de financiación	**(10.023.000)**	**(17.255.000)**	**(10.814.000)**
Efectos de las variaciones de los tipos de cambio	163.000	(122.000)	(284.000)
Variaciones de caja o activos líquidos	**(111.000)**	**(1.902.000)**	**(1.468.000)**

Figura 11.1. Estado de flujos de caja. The Procter & Gamble Company

sido positiva, significaría que las existencias habrían descendido por valor de 501 millones de dólares, generando liquidez a través del equivalente en ventas de dicha suma, un flujo de caja positivo. En resumen, después de hacer algunos ajustes en el capital circulante, había una ganancia neta de liquidez procedente de la explotación de 13.321 millones de dólares.

Esto es magnífico, ¿pero hemos terminado? Aún no tenemos el valor de la liquidez final, sino solo lo que ha ocurrido en el ámbito operacional. Sin embargo, las actividades habituales de explotación de la compañía han generado mucha liquidez. A continuación pasaremos a...

La liquidez empleada en actividades de inversión

Esta categoría tiene un nombre poco apropiado y representa la liquidez utilizada para «invertir» en la empresa, habitualmente inversiones en activos no corrientes pero también en inversiones a corto plazo en activos no líquidos como títulos o valores y otras pequeñas partidas que no vamos a detallar porque rebasan el ámbito de nuestro análisis. Este dato suele ser negativo a menos que la compañía venda parte de su infraestructura. A largo plazo, la liquidez generada por la actividad operacional propia de la empresa debería ser mayor que la liquidez utilizada para invertir en el negocio, a menos que la compañía tenga un ritmo de expansión muy intenso.

Podrá observar que los fondos utilizados parar adquirir activos no corrientes se muestran aquí, ya que el equipo se ha comprado de verdad, como en el ejemplo del avión citado al principio.

Flujos de caja de actividades financieras

Puede ocurrir que las compañías, en especial las que se encuentran en fase de expansión, no muestren un superávit de flujo de caja de las actividades de explotación sobre el flujo de caja de las actividades de inversión. Aquí es donde entra en acción el flujo de caja financiero.

La liquidez de las actividades financieras es el dinero en efectivo generado por la emisión de deuda o la venta de valores, o bien el dinero en efectivo utilizado para saldar deudas o recomprar acciones, si las cosas marchan bien, y los dividendos se incluyen aquí también. Por otra parte, una compañía que marche bien producirá más liquidez –capital– del negocio de la que consume, al igual que hacen los hogares bien administrados o de lo contrario se endeudan. Los inversores inteligentes vigilan la evolución de este superávit a lo largo del tiempo.

En este ejemplo, P&G generó algo más de 13.000 millones de dólares de liquidez de su actividad operacional y utilizó un poco más de 3.000 millones de dólares, la mayor parte en inversiones en activos del negocio. Esto dejó unos 10.000 millones de dólares para añadir a la provisión de tesorería en el balance. ¿Hizo esto P&G? No, pagó cerca de 5.000 millones de dólares en dividendos y otros 5.000 millones de dólares para recomprar acciones en el mercado abierto, revalorizando de ese modo las acciones restantes en circulación que seguían en manos de sus propietarios. El resultante final fue un saldo de tesorería prácticamente sin variación. Descendió solamente en 111 millones de dólares hasta los 2.800 millones de dólares, una cifra que no se muestra en la figura 11.1 sino en el balance.

¿Supera P&G el test a primera vista?

El estado de flujos de caja que acabamos de examinar indica una situación de negocio saludable. Los flujos de caja de explotación de P&G son sólidos y se consiguen sin grandes cambios en las partidas de capital circulante o fondo de maniobra, como el crecimiento de las existencias o los efectos a cobrar. La liquidez procedente de las actividades de explotación ha financiado de sobras las inversiones en activos no corrientes y el resto ha servido casi enteramente para retribuir a los accionistas. Desde un punto de vista de flujo de caja P&G es una compañía que usted tendría que poseer, sobre todo porque estas cifras son relativamente coherentes a lo largo de los años.

¿Solo se debe examinar la liquidez?

Los inversores avispados aprenden a buscar las compañías que generan capital a lo largo del tiempo, a diferencia de aquellas que lo consumen. Sobre la base del estado de flujos de caja, una compañía que produce más liquidez de las actividades de explotación que la que consume en actividades de inversión (compras de bienes de equipo, principalmente) y en actividades financieras (devolución de deudas, dividendos, etc.) está produciendo capital. Cuando una compañía tiene que dirigirse continuamente a los mercados de capitales para compensar un déficit en el flujo de caja de actividades de explotación o de inversión significa que tiene problemas, lo cual, por cierto, se ve confirmado por la otra prueba incuestionable: las deudas. Si las deudas son elevadas y crecientes, sobre todo si aumentan con mayor rapidez que el propio negocio, tenga cuidado, o por lo menos busque una justificación: por ejemplo, que la compañía XYZ se encuentra en una conocida, entendida y racional fase de expansión que necesita ser financiada. Acudir a los mercados de capitales para financiar déficits de liquidez procedentes de actividades de explotación no augura nada bueno.

Atención especial: compras o ventas de acciones

Las compañías se han convertido en unas enormes máquinas de generación de liquidez, en especial en los últimos años. La tasa de crecimiento económico relativamente baja y la madurez de tecnologías importantes como la tecnología de la información han propiciado que las compañías tengan que comprar menos e invertir menos para llevar a cabo su actividad de negocio normal. La reciente recesión puso de relieve la necesidad de redimensionarse y ser eficiente, y las compañías se entregaron a fondo a la tarea.

El resultado fue un enorme aumento de la generación de liquidez y de las reservas de dinero en efectivo. Llegó un momento en que los inversores se hartaron de que las compañías atesoraran el dinero (lo cual también se debía a las complejas leyes fiscales vigentes relativas a la repatriación de las ganancias obtenidas en el extranjero). Las compañías comenzaron a devolver dinero a los accionistas recomprando sus acciones en el mercado abierto y retirándolas a continuación, lo que hizo que las que continuaban en circulación aumentaran de valor. Las compañías *gastaron* miles de millones de euros con este procedimiento.

Yo he adquirido el hábito de revisar las recompras de acciones y las considero una condición importante para seleccionar una acción. Cuando una compañía está recomprando acciones, (1) es que ha estado generando flujos de caja en grandes cantidades –la liquidez que sobra después de computar las necesidades de inversión en activos no corrientes–, y (2) la devuelve a los accionistas. Tal vez me gustan más los dividendos, porque son dinero en efectivo real, pero las recompras regulares de acciones y los consiguientes aumentos de valor de las acciones restantes en circulación son también indicadores positivos.

El estado de flujos de caja ofrece una información útil acerca de las sumas empleadas en las recompras de acciones (o en las emisiones para las compañías que van en otro sentido, ya sea en el mercado abierto o a través de opciones sobre acciones para los empleados). También he adquirido la costumbre de examinar el número de acciones en circulación a lo largo del tiempo.

Es realmente asombroso el número de grandes compañías que han reducido la cantidad de acciones en circulación en un 20 por ciento, un 30 por ciento o incluso más durante los últimos diez años.

Adquiera el hábito

- El estado de flujos de caja debe formar parte de su proceso normal de revisión.

- Determine si la compañía está generando o consumiendo liquidez (capital).

- Determine si los flujos de caja están bien gestionados y bajo control.

- Compruebe que la compañía devuelva dinero a los accionistas de forma periódica.

Hábito 12

No olvide los activos intangibles

Warren Buffett ha dicho muchas cosas acertadas acerca de las inversiones, pero ninguna tan acertada como esta:

> *«Si usted me regalara 100.000 millones de dólares y me dijera 'destruya el liderazgo mundial de Coca-Cola en el mercado de los refrescos', yo se los devolvería y le diría que se trata de una misión imposible.»*

¿Qué quería decir con esta declaración? Sencillamente esto: las empresas prósperas poseen fortalezas y cualidades intangibles que simplemente no se pueden comprar a ningún precio. Son difíciles, por no decir imposibles, de cuantificar, reproducir o copiar por los competidores en el mercado.

Además, estas cualidades intangibles suelen ser indicadores prospectivos del éxito de una compañía. Los activos intangibles como la marca, posición de mercado, fidelidad de los clientes, capacidad de innovación, solidez del canal y capacidad de dirección y gestión se pueden examinar con facilidad para determinar, por lo menos hasta cierto punto, cómo se desenvolverá financieramente en el futuro. A riesgo de simplificar excesivamente, podemos decir que los datos financieros son el pasado y los activos intangibles, el futuro.

Cuando evalúe una compañía como posible objeto de inversión, debería adquirir la costumbre de examinar tanto los datos financieros como los activos intangibles que hacen funcionar a la compañía.

115

Activos intangibles estratégicos

Cuando usted examina una compañía, es posible que la pregunta de conclusión siga la sabiduría de Buffett: si usted dispusiera de 100.000 millones de dólares en efectivo para gastar —y la genialidad para gastarlo apropiadamente—, ¿*podría* volver a crear la compañía?

Si la respuesta es afirmativa, posiblemente sea una magnífica compañía pero no lo bastante magnífica para eludir la competencia y mantener siempre la fidelidad de sus clientes. Si la respuesta es negativa, la compañía tiene algo verdaderamente único que ofrecer en el mercado y que es difícil de copiar al precio que sea. Esa ventaja competitiva sostenible —tanto si es la marca, un secreto comercial o una exclusiva de los canales de distribución o de suministro— puede ser más valiosa que todas las fábricas, edificios de oficinas y todo el dinero en el banco que pueda llegar a tener una compañía.

Los intangibles son los factores cualitativos que convierten a las compañías en únicas. En conjunto, suponen más que las suma de sus partes; son los factores que definen la excelencia y los resultados económico-financieros del futuro. Los activos intangibles estratégicos son tan importantes que nunca deben pasarse por alto. Veamos a continuación las preguntas que usted debería formularse sobre siete activos intangibles clave. (Estos siete son los más importantes para la mayoría de empresas y sectores de actividad, aunque algunos sectores pueden tener algunos específicos, como es el caso de la propiedad intelectual en el sector tecnológico.)

¿Tiene la compañía un foso?

Cuando analice los activos intangibles, debería preguntarse si la compañía tiene un «foso» y, si la respuesta es afirmativa, preguntarse a su vez si es «ancho» o «estrecho». ¿Qué quiero decir con la palabra *foso*?

El foso de la empresa desempeña en gran parte la misma función de su equivalente en el castillo medieval: protege a la empresa de la competencia. Cualesquiera que sean los factores —que en su mayor parte son intangibles— que crean el foso, en última instancia son aquellos que le impiden a usted apoderarse de la compañía, aunque esté pertrechado con los 100.000 millones de dólares de Warren Bufett, Los fosos suelen consistir en una combinación de marca, tecnología de producto, diseño, marketing, canales de distribución y fidelidad de los clientes que trabajan de forma cooperativa para proteger a una compañía. El foso no solo protege la existencia de la compañía, sino que ayuda a imponer precios más altos y a obtener beneficios más elevados.

El foso de una compañía será «estrecho», «ancho» o incluso no existirá, según la evaluación subjetiva que usted debe realizar. Sin embargo, puede obtener alguna ayuda en Morningstar (*www.morningstar.com*), cuyas calificaciones de las acciones incluyen una evaluación del citado foso.

Coca-Cola tiene un foso a causa de la imposibilidad absoluta de superar su marca y su reconocimiento de marca a nivel mundial. Intel tiene un foso a causa de su liderazgo en el diseño de microprocesadores y de su insuperable reconocimiento de marca. Tiffany tiene un foso a causa de su reconocimiento de marca inmediato, de su imagen de marca simple, moderna y elegante y de su estilo perdurable e intemporal.

El foso, generalmente definido por sus intangibles tomados en su conjunto, representa la ventaja competitiva de la compañía. Una compañía que no tiene foso produce básicamente un producto genérico o *commodity* y suele competir sobre todo basándose en el precio.

¿Tiene la compañía una marca excelente?

Es fácil quedarse corto cuando se habla de la marca, especialmente en el mercado rápidamente cambiante de hoy en día, cuyo ámbito es tanto nacional como internacional. Una marca fuerte significa coherencia y una promesa a los consumidores. Los consumidores comprometidos con una marca la preferirán a cualquier otra, prácticamente sin tener en cuenta el precio. Starbucks es aún sinónimo de alta calidad y un gran ambiente. Las buenas marcas pueden imponer precios más altos y fomentar la fidelidad, la identificación e incluso el *amor* del cliente.

Pregúntese si una compañía tiene una marca muy solicitada, una marca por la que los clientes pagarán más, una marca que sea difícil de copiar a cualquier precio. Piense en Starbucks, Coca-Cola, Heinz, Tiffany, Nike, BMW, etc.

¿Es la compañía líder en su mercado?

El liderazgo de mercado suele ir de la mano de la marca, aunque no siempre. La clave es decidir si una compañía lidera realmente su sector. A menudo, pero no siempre, es una cuestión de tamaño. El líder de mercado suele tener la mayor cuota de mercado y lo importante es que lleva la batuta con respecto a precio, tecnología, mensajes de marketing, etc., mientras que las demás compañías deben intentar igualarla y a menudo rebajan sus precios para poder mantenerse en el mercado. Apple es la compañía líder del mercado en el sector de electrónica personal y música digital. Intel es líder de mercado en microprocesadores y Whirlpool lo es en electrodomésticos para el hogar.

Las compañías excelentes suelen ser líderes de mercado, y los líderes de mercado suelen ser compañías excelentes. Pero esta correlación no siempre es cierta. A veces un competidor más pequeño pero ágil es la compañía excelente y con el tiempo probablemente llegará a ser líder de mercado. Recuerde el caso de Southwest Airlines o EasyJet, por ejemplo.

Los inversores de éxito también piensan en el posicionamiento de mercado. ¿Es líder la compañía en cuanto a precio? ¿Líder en cuanto a calidad? ¿Líder en lo tocante a servicio al cliente? ¿Se sitúa en la gama baja, media o alta del mercado? ¿Está claro a qué parte del mercado se dirige? ¿Lo hace bien? ¿Es el líder en su segmento? El mercado está plagado de compañías fracasadas que no pudieron determinar qué representaban o proponían, o que no pudieron lograrlo una vez lo decidieron. Más información sobre este tema en el *Hábito 13. Adopte una perspectiva de marketing.*

¿Tiene la compañía clientes fieles?

Usted no lo sabrá con certeza, pero un examen rápido del mercado –y su propia experiencia– le dará una pista sobre si los clientes son fieles a la marca o bien la abandonarán a las primeras de cambio. Las estimaciones efectuadas en el sector de la telefonía móvil y otros sectores indican que cuesta siete veces más captar un nuevo cliente que retener a uno que ya lo es. Por tanto, una compañía que ya tiene clientes fieles es que está haciendo bien alguna cosa. La fidelidad puede crearse o ir de la mano con la marca como es el caso de Starbucks. Puede crearse a través de un excelente servicio de atención al cliente (Sears, John Deere, Caterpillar) o a través de la excelencia del producto, la innovación y el diseño (Apple y Tiffany).

Fíjese también si las compañías hacen algo que pueda perjudicar su reputación y observe cómo reaccionan ante ello, si es que lo hacen. Muchas se convierten en espectáculos públicos como BP durante el desastre del vertido de crudo en el Golfo de México. Si estas crisis se gestionan bien, en algún momento dejan de representar una amenaza para la compañía.

Los daños y perjuicios pueden ser también muy pequeños y localizados, incluso en aspectos tan simples como el servicio al cliente (la reputación de Starbucks de largas colas, por ejemplo). Es bueno observar cómo las compañías hacen frente a tales factores perturbadores y con qué rapidez y eficacia los resuelven.

¿Es una compañía que innova?

La mayoría de nosotros asocia la innovación a la tecnología y a las compañías tecnológicas que forman parte del negocio de inventar y comercializar cosas que hacen que la vida empresarial y personal sea más fácil, mejor o más rápida. Pero la innovación va bastante más allá de los productos que una empresa comercializa. Y no solo tiene que ver con las ideas —muchas compañías «inventan»–, es decir, crear nuevas cosas e incluso patentarlas. Sin embargo, bastantes menos «innovan», es decir, crean nuevas cosas que resuelven económicamente un problema al cliente y que, como consecuencia, triunfan en el mercado.

Los inversores inteligentes detectan la innovación y deciden si las innovaciones y los hábitos de innovación de una compañía constituyen una ventaja competitiva en el mercado.

La innovación no es cuestión solo de productos, artilugios y dispositivos que se venden en las grandes tiendas de artículos electrónicos. También puede ser una fuente real de ventaja competitiva que una compañía haga el mejor uso de la tecnología para que sus actividades e interrelaciones con los clientes sean lo más eficientes posible. Compañías que no parecen innovadoras a primera vista pueden resultarlo después de un examen más detallado. UPS, por ejemplo, está desarrollando actualmente un sistema a través del cual los clientes pueden programar sus propias entregas *online* en el marco de varias opciones de envíos. Con ello, en personas que están ocupadas, aumentará en gran medida la preferencia por UPS para entregas valiosas de comercio electrónico.

Sin embargo, tenga cuidado. Solo porque una compañía haya efectuado una innovación no significa que vaya a tener éxito en el mercado y, en última instancia, en el plano económico-financiero. UPS puede haber tenido una buena idea y haber hecho hincapié en ella en sus campañas de publicidad y relaciones públicas, pero, ¿puede la compañía poner en práctica la innovación, es decir, funciona? ¿Con qué facilidad y con qué rapidez puede copiarla la competencia? ¿Será capaz FedEx de lanzar al mercado un servicio con las mismas características dos meses más tarde?

Las innovaciones deben ser significativas, útiles, efectivas y sostenibles para que realmente tengan importancia. De lo contrario, todo lo que hace la compañía es seguir el ritmo.

Algunas innovaciones son particularmente sutiles pero efectivas. Southwest Airlines es una compañía destacada hoy en día no solo a causa de su marca y excelencia de gestión, sino también gracias a su excelencia de innovación. ¿Por qué? Sencillamente porque después de todos estos años sigue teniendo el mejor sistema del mercado —el más simple y más fácil de usar— de reserva de billetes de vuelo y de facturación. La innovación suele tener que ver tanto con el diseño y la experiencia de cliente como con la tecnología, pero debe ser eficaz. A veces, determinados tipos de innovaciones tienen mucha más importancia que el lanzamiento al mercado de nuevos y sofisticados productos con una serie de características y opciones que no son en absoluto esenciales.

¿Tiene la compañía un canal de excelencia?

En el lenguaje empresarial, *canal* significa la cadena de entidades que distribuyen y venden los productos de una compañía. Pueden ser tiendas o compañías industriales o puede tratarse de una venta directa al consumidor final. Si una compañía es considerada como un proveedor de primera clase en un canal determinado o bien tiene relaciones especialmente buenas con su canal, tendrá un punto más a su favor.

Las compañías excelentes establecen relaciones sólidas con el canal y se convierten en el proveedor de preferencia en dichos canales. Compañías como Nike, Pepsi y Procter & Gamble tienen unas relaciones excelentes con los canales a través de los cuales venden sus productos.

¿Dispone la compañía de la excelencia en la cadena de suministro?

Al igual que con los canales de distribución, las compañías excelentes desarrollan unos excelentes canales de suministro de bajo coste. Rara vez sufren escasez de suministros y suelen conseguir unos precios favorables y estables en cualquier artículo que compren. Con frecuencia, esta no es una evaluación fácil a menos que usted tenga conocimientos del sector de actividad en cuestión. Inditex es un magnífico ejemplo de compañía que ha hecho un excelente trabajo de gestión de sus cadenas de suministro.

¿Tiene la compañía una dirección y gestión excelente?

No es difícil averiguar lo que sucede cuando una compañía no tiene una buena dirección y gestión; su evolución se debilita y pocas personas, tanto de dentro como de fuera, respetan la compañía. No es fácil para un inversor determinar si el equipo directivo está realizando un buen trabajo o actúa a favor de los intereses del accionista. Entre las pistas a tener en cuenta se encuentran la sinceridad, honradez y capacidad de la compañía para comunicarse en términos accesibles y que se comprendan con facilidad respecto a la compañía y a la marcha de la compañía. (Como recurso a emplear, merece la pena escuchar las teleconferencias de la compañía.) Un equipo de dirección que reconoce errores y evita la arrogancia y los privilegios (por ejemplo, aviones privados, oficinas lujosas, etc.) es probable que esté orientando sus intereses en beneficio de los accionistas. Por tanto, este tipo de equipo directivo también será el que pueda entregar de vez en cuando rendimientos a los accionistas en forma de dividendos.

Tal vez sea esta la evaluación más subjetiva y difícil de todas, ya que pocos inversores trabajan con estos individuos en el día a día. Con todo, a lo largo del tiempo, se puede llegar a conseguir una idea bastante aproximada sobre si un equipo directivo es efectivo por lo que se refiere a los intereses de los accionistas. Para más información sobre este punto, véase el *Hábito 15. Capte el estilo de dirección y gestión.*

Asimilarlo todo

Mientras que la mayoría de fuentes de información sobre inversiones exponen por lo menos parte de la información financiera sustancial que usted busca, obtener información sobre los activos intangibles puede ser una tarea más difícil. La mayoría de informes financieros contiene solo retazos del material listado más arriba y ninguno lo hace siguiendo nuestro guion.

Por tanto, ¿qué deberá hacer? Tendrá que ser creativo. Tendrá que rastrear los medios de comunicación económico-financieros, examinar los sitios web e informes de la compañía, escuchar lo que la gente tenga que decir acerca de sus experiencias con la compañía y familiarizarse con el sector. Hacerse una imagen de los intangibles tiene más que ver con asimilación, interpretación y experiencia que con la lectura de listas de hechos y datos objetivos. Deberá leer lo que la compañía dice sobre sí misma, observar cómo se presenta y se comporta en el mercado y escuchar lo que otras personas tienen que decir sobre ella.

El guion que acabamos de exponer le será de utilidad. Pregúntese si una compañía tiene una marca excelente, una sólida posición en el mercado, buenas innovaciones, una dirección y gestión competente, etc. Podrá contestar a alguna de estas preguntas de forma categórica, mientras que para otras la respuesta será un «no lo sé». Esto es normal y con el tiempo irá captando señales que reforzarán su evaluación inicial. Sin embargo, si la mayoría de sus respuestas son un «no lo sé», tal vez tenga que permanecer alejado de las inversiones, al menos por el momento.

¿Por qué no puedo conseguir esta información directamente de la compañía?

Sería maravilloso que el supervisor bursátil exigiera a las compañías que comunicaran estos activos intangibles en sus informes financieros, utilizando algún tipo de formato común como el que acabamos de describir. No obstante, lo más probable es que las compañías se opusieran a dicha norma, porque afectaría a la esencia de lo que muchas de ellas podrían considerar como información privada y confidencial.

Si las compañías tuvieran que informar sobre sus activos intangibles, posiblemente serían unos informes bastante intangibles, ya que gran parte de los mismos irían más allá de los simples hechos y se centrarían en una interpretación o explicación de una serie de experiencias y acontecimientos. Se trataría de una historia y, como todos sabemos, las historias pueden alterarse y embellecerse para describir lo que queremos decir y lo que la gente desea escuchar.

Adquiera el hábito

- Comprenda que los activos intangibles tienen que ver con el futuro, mientras que los financieros tratan del pasado.

- Busque «fosos» (ventajas competitivas sostenibles).

- Examine uno por uno los siguientes puntos (unos pueden ser más difíciles de conseguir que otros):

— Marca
— Liderazgo y posición en el mercado
— Fidelidad de los clientes
— Excelencia en la innovación
— Excelencia en el canal
— Excelencia en la dirección y gestión

- Asimile la información sobre los activos intangibles leyendo regularmente noticias sobre la compañía, visitando la compañía y/o sus sitios web y escuchando lo que otras personas pertenecientes al ámbito personal o profesional tienen que decir sobre ella.

Hábito 13

Adopte la perspectiva de marketing

Cuando lea un libro sobre inversiones es probable que gran parte del mismo se dedique a datos y hechos económicos y financieros: ventas, ganancias, flujos de caja, balances, ratios, precio por acción/ganancias por acción, etc. No hay duda de que estos fundamentos son importantes, pero creo que la mayoría de libros sobre inversiones no ayudan del todo a entender una *empresa*.

Si ha leído el *Hábito 12. No olvide los activos intangibles*, ya tiene una idea bastante completa de que hay muchas cosas más en una empresa que los aspectos financieros, especialmente si está tratando de predecir el futuro, lo cual es, de hecho, lo que hacen la mayoría de los inversores. Los aspectos económico-financieros son un espejo del pasado, mientras que los activos intangibles de una compañía son un catalejo que se proyecta hacia el futuro.

Entre los activos intangibles más importantes para predecir el futuro se encuentra el marketing. ¿Cómo se posiciona la compañía respecto a la competencia? ¿Cómo posiciona y fija el precio de su productos? ¿Cómo y con qué efectividad capta y retiene a sus clientes? ¿Tiene una marca sólida? ¿Controla el mercado con la fuerza suficiente para elevar los precios y los consiguientes beneficios? ¿Cuáles son los puntos fuertes y los puntos débiles más importantes? ¿Cuáles son las oportunidades y las amenazas?

Hay algunas preguntas que los inversores más avispados formulan habitualmente sobre sus inversiones actuales y futuras. Se trata de preguntas sobre los mercados y el marketing de la compañía. Se refieren al marketing estratégico de la compañía, el cual implica tomar decisiones de desarrollo, posicionamiento y fijación del precio de sus productos y servicios, así como a su marketing táctico (cómo se presenta realmente la compañía en el mercado).

Le recomiendo que cuando evalúe una inversión adopte por costumbre la perspectiva de marketing. Simule, por lo menos durante unos minutos, que usted es el director de marketing de la empresa. Es posible que este *hábito* no sea un curso completo de marketing, pero sí una visión de conjunto rápida de algunos de los conceptos y herramientas que utilizan los buenos profesionales de marketing.

¿Está posicionada la compañía para triunfar?

El posicionamiento se refiere al modo en que una compañía quiere actuar y desarrollar sus productos y servicios para el mercado. Se trata del modo en que una compañía desea competir. ¿Compite solo por precio o bien sobre alguna otra base? ¿Tiene una cartera de productos sólida o es una compañía efímera de un solo producto? ¿Forma parte de su oferta el servicio que presta? ¿Localización? ¿Experiencia de cliente?

Podría pensar en este punto, tal como lo haría de tres grandes empresas detallistas: Walmart, Target y Nordstrom. Walmart es líder en el segmento de precios bajos, con una estrategia de tiendas por doquier, elevados volúmenes de venta y márgenes bajos. En el otro extremo se encuentra Nordstrom con unos precios relativamente altos, marcas exclusivas y un excelente servicio y atención personal al cliente. Target se sitúa en un punto intermedio de las dos anteriores —mercancía más elegante, condiciones de compra más agradables, un servicio de atención al cliente correcto y precios moderados—. Por ejemplo, cuando evalúe una empresa, decida si es la Walmart, Nordstrom o Target del sector en cuestión. Por supuesto, hay otros criterios que puede utilizar para posicionar la empresa de un determinado sector de actividad.

Una vez que haya decidido cómo está posicionada una compañía, pregúntese sobre la intensidad de la competencia en este segmento de mercado y si la compañía que usted está evaluando tiene éxito, está fracasando u ocupa una situación intermedia entre ambas posibilidades.

Busque las empresas que actúan en nichos del mercado

En el ámbito del marketing, un *nicho* es un segmento del mercado pequeño pero significativo que puede ser dominado por una sola compañía. Este
dominio permite a la compañía imponer sus condiciones en el mercado,
es decir, fijar el precio y lo que se ofrece por el mismo. En muchos casos,
la compañía es tan importante y visible en este nicho que ni siquiera tiene
que promocionar ni publicitar sus productos o servicios.

Starbucks es un buen ejemplo. El mercado del café es amplio y profundo, pero Starbucks vio desde el principio que había un nicho de mercado para el café de alta calidad servido en un entorno agradable y ex-
clusivo de estilo europeo. Ha dominado este nicho y también ha hecho
muchas otras cosas bien, convirtiéndose en el tercer lugar, después del
hogar y del lugar de trabajo, al que acuden los trabajadores y profesionales
que se mueven de un lugar a otro, las mamás y los estudiantes de cursos
superiores. Se ha convertido en un sustituto del bar del barrio para millones de personas. Ha llegado a dominar el nicho del mercado del café
de gama alta servido en la vecindad y ha impuesto precios más altos que
la competencia sin hacer prácticamente publicidad.

Muchas otras compañías de éxito dominan también sus nichos de
mercado, tanto si es con sus productos o servicios o simplemente con
una determinada ubicación. Cuando evalúe una compañía, pregúntese
si domina algún nicho de mercado o bien debe competir cara a cara con
otras compañías fuertes en un mercado mucho más amplio. Las empresas
que son competentes en buenos nichos de mercado suelen constituir buenas inversiones —sobre todo cuando el nicho se convierte en la totalidad
del mercado—, como han descubierto los locales de Starbucks y Apple de
todo el mundo.

¿Tiene la compañía una cartera de productos sólida?

Una compañía que venda buenos productos en buenos y crecientes nichos de mercado funcionará bien. Una compañía que venda productos
deficientes o «copias» (*me too*) en mercados estancados o declinantes, que
no tenga presencia en un nicho ni poder para imponer precios, se encontrará permanentemente en dificultades.

Los profesionales del marketing utilizan todo tipo de herramientas para
analizar y representar gráficamente sus empresas. Parece que casi cualquier

faceta de la empresa y, de hecho, de la vida, se puede ubicar en cuatro cuadrantes para ayudar a determinar y tomar las decisiones adecuadas. (Curiosamente a los psicólogos también les gusta hacer lo mismo.)

Una de las matrices más populares que se utilizan actualmente en el mundo de la empresa es la matriz del Boston Consulting Group (BCG), cuyo origen se remonta a 1970. Se denomina «matriz crecimiento-participación de mercado».

En la figura 13.1 se representa una matriz BCG básica. Veamos cómo funciona. Se toma un producto o un surtido de productos y se posiciona en la matriz. Si se trata de un producto con una elevada cuota de mercado en un mercado de alto crecimiento es una «estrella». Se puede pensar en cualquier producto de Apple como «estrella», con la posible excepción de MacBooks, que podría ser considerado como un producto «interrogante», ya que actúa en un mercado de alto crecimiento y su cuota de mercado es relativamente baja (pero creciente). ¿Cómo se pueden determinar los datos de crecimiento del mercado y de cuota de mercado? Es muy difícil, pero se puede tener una idea a partir de lo que usted observe en el mercado y/o haya leído en la prensa económica.

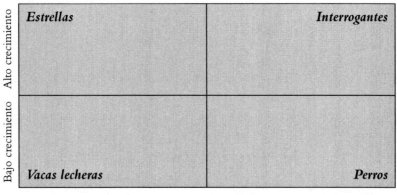

Figura 13.1. La matriz del Boston Consulting Group (BCG)

Por último, tenemos los «perros», que se encuentran en mercados de bajo crecimiento y tienen a su vez una baja cuota de mercado. Son productos de los que la mayor parte de compañías querrían desprenderse o de productos que las compañías querrían que tuvieran una mejor evolución. Es interesante el caso de las «vacas lecheras» –productos de bajo crecimiento que generan elevados márgenes de beneficio–, probablemente debido a que la compañía domina un nicho. Las compañías farmacéuticas suelen

     HÁBITO 13. ADOPTE LA PERSPECTIVA DE MARKETING

tener un montón de vacas lecheras, que son *ordeñadas* para generar liquidez que se invertirá en I+D para descubrir y lanzar al mercado nuevos medicamentos.

El propósito de este ejercicio es examinar los productos de una compañía y decidir si en su mayor parte son estrellas y vacas lecheras (calificación positiva), interrogantes (?) o perros (calificación negativa). Por otro lado, gran parte de esta evaluación estará basada en su intuición y será difícil de cuantificar, pero lo cierto es que le ayudará a decidir si una compañía está o no está bien encaminada.

Veamos un sencillo ejemplo que hice para Hewlett-Packard y que se muestra en la figura 13.2. La compañía tiene ejemplos claros de productos a ubicar en los cuatro cuadrantes (no todas las compañías los tienen). Sus servidores *blade* (con cuchillas), los servidores más simples concebidos para ampliar la capacidad de un centro de datos, instalación de sitio web, etc., son uno de sus productos «estrella», ya que ofrecen elevados márgenes de beneficio en un mercado con alto crecimiento. (De nuevo es útil leer mucho o tener un *amigo listo* en el negocio que pueda ayudarle.) Sus productos de almacenamiento en red compiten en un mercado que crece con rapidez, pero su cuota de mercado es relativamente baja y, por tanto, sus productos pueden calificarse de interrogantes. Sus cartuchos de tinta han sido desde hace tiempo vacas lecheras −productos muy rentables en unos mercados que hoy en día crecen muy lentamente−. Por último los PC podrían ser los perros. HP es líder de mercado a nivel mundial, pero con menos de un 20 por ciento de cuota no cosecha realmente las ventajas de una alta participación de mercado.

	Estrellas	**Interrogantes**
Alto crecimiento	• Servidores *blade*	• Almacenamiento en red
Bajo crecimiento	• Vacas lecheras	• PC
	Cartuchos de tinta	**Perros**
	Alta participación de mercado	Baja participación de mercado

Figura 13.2. Matriz del Boston Consulting Group (BCG). Hewlett Packard

Considerada en su conjunto, HP es un interrogante. El mercado de cartuchos de tinta puede estar descendiendo, ya que las tabletas están reemplazando gran parte del mercado de impresión y las compañías competidoras recargan los cartuchos a unos precios más bajos. Parte del ejercicio consiste en determinar la trayectoria. Por ejemplo, ¿están perdiendo su estatus las estrellas o las vacas lecheras?

En ocasiones, es más útil ubicar en el interior de la matriz a la totalidad de la compañía. HP, considerada como un todo, estaría ubicada probablemente entre un perro y un interrogante, mientras que Apple es claramente una estrella. Starbucks ocuparía una posición intermedia entre una estrella y una vaca lechera, y la mayoría de compañías energéticas y de servicios públicos serían obviamente vacas lecheras.

Lógicamente, usted querrá comprar estrellas o interrogantes si su tolerancia al riesgo es elevada y vacas lecheras si su tolerancia al riesgo es menor. Las compañías que financian los productos estrellas con la liquidez que generan las vacas lecheras, como es el caso de las compañías farmacéuticas y en los viejos tiempos HP, suelen ser buenas inversiones, siempre que utilicen su liquidez de forma acertada.

¿Evolución del producto a largo plazo? ¿O tan solo flor de un día?

Algunas compañías solo poseen un producto que venden bien. A veces, este producto sube y baja rápidamente en el mercado, como ocurrió con los *netbooks* o los alquileres de vídeos, y a veces dura toda la vida. Otras compañías planifican y ejecutan perfectamente una evolución de producto a medio o largo plazo. La ruta de la evolución es lógica, se mantiene o incluso se aumenta la fidelidad de los clientes y, en el mejor de los casos, su lanzamiento se espera de forma generalizada y genera un gran entusiasmo. (Piense de nuevo en esta compañía genial en el campo del marketing que es Apple.)

Los restaurantes, en especial los restaurantes con un concepto nuevo, tienen fama de ser flor de un día que a la larga se queman y tienen que cerrar (¿alguien se acuerda hoy de Victoria Station?). Algunos parece que son así pero consiguen descubrir el modo de seguir adelante y prosperar (muchos pensaron que Starbucks era simplemente un producto de moda que acabaría desapareciendo). Las compañías de *software* también flirtean con este peligro, a menos que dominen su nicho de mercado y sigan desarrollando extensiones de producto (por ejemplo, Microsoft, Adobe).

         HÁBITO 13. ADOPTE LA PERSPECTIVA DE MARKETING

Como inversor/experto en marketing intente visualizar dónde podrían estar los productos de una compañía dentro de cinco años, en el marco de una época de cambios cada vez más rápidos tanto en el campo tecnológico como en las preferencias de los consumidores.

¿Gana o pierde cuota de mercado la compañía?

Como se ha dicho más arriba, que una compañía tenga una cuota de mercado alta o baja es importante. Igual de importante —y tal vez más— es si una compañía está *ganando* o *perdiendo* cuota de mercado. De nuevo, esto puede inferirse a través de la lectura de la prensa o simplemente observando lo que pasa en la calle. ¿Hay actualmente menos productos de HP en las estanterías de los comercios? La cuota de mercado puede tener dificultades.

El *mindshare* (grado de conocimiento o popularidad del que goza un producto entre los consumidores) también es importante. Como les gusta decir a los expertos en marketing, todo tiene que ver con la cuota de la capacidad de compra del cliente (*share of wallet*) que absorbe la compañía. ¿Es la compañía un héroe para sus clientes como lo son Apple y John Deere, por ejemplo? ¿O bien es probable que se prescinda de ella en cuanto surja un competidor o bien uno de los actuales baje el precio en uno o dos euros? ¿Cuál es el grado de afinidad que hay entre la compañía y sus clientes? ¿Está mejorando (Apple) o empeorando (Sears, Toyota, Netflix)?

En resumen, ¿está la compañía triunfando en el mercado, triunfando entre los clientes?

¿Se presenta la compañía a sí misma de forma efectiva?

Parece bastante evidente que si a usted le gusta el modo en que la compañía se presenta al público, principalmente a través de la publicidad, de su presencia en la web y, en algunos casos, a través de sus actividades de relaciones públicas y notas de prensa, lo más probable es que a otras personas les guste también. Las compañías que ofrecen mensajes sin fuerza, aburridos o liosos no actúan de un modo eficaz en un mundo donde hay sobrecarga de información y las cosas se captan al vuelo.

Los mensajes claros, creativos, perspicaces e informativos que transmiten valor son eficaces; los mensajes anodinos, confusos e interesados que no aportan valor (como muchos de los que proceden del sector petrolífero, por ejemplo) no lo son. Siga a las compañías que comunican bien sus mensajes y de forma coherente.

Piense en términos de DAFO

Por último, vamos a exponer un ejercicio que no solo practican los expertos en marketing sino también los líderes empresariales en las salas de juntas de todo el mundo: el análisis SWOT o DAFO (debilidades, amenazas, fortalezas, oportunidades). Tal como se muestra en la figura 13.3 es muy sencillo. Analice cada compañía desde su punto de visto respecto a sus fortalezas (características internas que son de utilidad, como una liquidez abundante, una marca sólida o unos productos magníficos), y sus debilidades (características internas perjudiciales como las deudas, malos productos, elevados costes por garantías de productos vendido, altos costes de materias primas, canales de venta deficientes, etc.).

	Útiles	Perjudiciales
Internas	*Fortalezas*	*Debilidades*
Externas	*Oportunidades*	*Amenazas*

Figura 13.3. Estructura del análisis DAFO

Una vez haya anotado estas características «internas» pase a las «oportunidades» y «amenazas» del mercado. He preparado un ejemplo, de nuevo referido a HP, en la figura 13.4.

　HÁBITO 13. ADOPTE LA PERSPECTIVA DE MARKETING

	Útiles	Perjudiciales
Internas	**Fortalezas** • Elevado reconocimiento de marca • Tamaño e importancia • Presencia internacional	**Debilidades** • Tamaño difícil de gestionar • Debilidad en innovaciones • 6 CEO en 10 años
Externas	• Mercados asiáticos • PC y tabletas integrados • Ciclo de sustitución para infraestructuras de tecnología de la información anticuadas **Oportunidades**	• Apple y tabletas • Descenso del mercado de impresión • Integración hardware/software de Oracle **Amenazas**

Figura 13.4. Análisis DAFO para Hewlett Packard

Observe que me he limitado a tres puntos por cuadrante, los que considero más importantes. Sin duda hay otros, y usted probablemente pensará en ellos cuando analice sus compañías. Tal vez quiera listarlos todos o tan solo los más importantes como yo he hecho en el ejemplo de HP.

Mientras lleve a cabo este ejercicio, tendrá que decidir si alguna o algunas de las debilidades o amenazas son defectos críticos, como una posición financiera extremadamente débil o una tecnología claramente obsoleta. Por otra parte, como en muchos otros aspectos del marketing, es una cuestión de criterio personal que puede mejorarse a través de la observación y las opiniones de los expertos.

Adquiera el hábito

- Piense en las compañías que ya tiene —o que quiere comprar— como lo haría un profesional de marketing.

- Decida dónde se posiciona la compañía (recuerde el ejemplo Walmart-Target-Nordstrom) y determine si tiene éxito con este posicionamiento.

- Busque compañías sólidas que sean líderes en nichos de mercado.

- Examine la cartera de productos de una compañía –y la propia compañía– en busca de estrellas y vacas lecheras.

- Determine si la compañía está ganando cuota de mercado y *mindshare*.

- Decida si la compañía se presenta de forma clara y efectiva en el mercado. ¿Transmite valor a sus clientes?

- Identifique tres fortalezas, debilidades, oportunidades y amenazas de cada compañía. Decida también si algunas de las amenazas o debilidades son deficiencias críticas.

Hábito 14

Póngase en la piel del cliente

Si usted ha venido leyendo el libro por orden, es probable que se sienta un tanto abrumado por el *Hábito 12. No olvide los activos intangibles* y por el *Hábito 13. Adopte la perspectiva de marketing.* Es perfectamente comprensible. Para aquellos de ustedes que no tienen formación ni experiencia en el arte y en la ciencia del mundo de la empresa ha sido un curso intensivo exigente en un tema difícil lleno de matices. Los activos intangibles son eso... intangibles.

Si se siente un tanto desconcertado, está disculpado.

Así pues, me gustaría volver ahora a un hábito más básico. En lugar de ser un experto en marketing, lo cual suele ser un trabajo en una gran compañía con un sueldo importante, seamos ahora los clientes. Pongámonos en el lugar del cliente que va de compras y que tal vez adquiere los productos de una compañía. Mientras que ser un buen profesional del marketing exige mucha formación especializada y una serie de competencias y habilidades, comportarse como un cliente no requiere nada más que sus cinco sentidos y un par de zapatos. Cualquiera puede representar este papel.

Su tarea consiste en pensar como un cliente: un cliente de una compañía a la que usted podría estar evaluando. ¿Cómo es percibida la compañía por usted, el cliente? ¿Cuál es la *experiencia* ofrecida por la compañía? ¿Le llegará a gustar dicha compañía? ¿Le encantará la experiencia? ¿O la odiará con todas sus fuerzas?

Sé que este tipo de evaluación es más difícil cuando se trata, por ejemplo, de una compañía como Stryker, que comercializa implantes ortopédicos. Probablemente usted no tendrá ninguna experiencia ni ningún medio de adquirir una, ¡gracias a Dios! Tendrá que vivir la experiencia a través de otras personas, leer sobre la compañía *online*, hablar con profesionales del cuidado de la salud... Sea creativo.

Asimismo, es posible que usted no tenga la sensación de ser un cliente la próxima vez que llene el depósito de gasolina –después todo la gasolina es gasolina–. ¿O no es así? ¿Estaban limpios los lavabos? Si usted vive cerca de una refinería, ¿hay muchos camiones cisterna que entran y salen continuamente o bien las plataformas de carga están vacías? (Usted se ríe o quizás suspira. Sin embargo, es sobradamente conocido que Warren Buffett lo hizo en sus primeros tiempos: contaba el número de camiones cisterna que entraban y salían de una planta química local que estaba estudiando.)

Así que dispóngase a investigar, póngase un par de buenos zapatos y salga a la calle. Visite la zona comercial, la ciudad, los campos de cultivo o los almacenes de piensos si está analizando a John Deere o a Monsanto. Examine sus instalaciones y su presencia *online*. Hable con los vendedores, con el personal del servicio de atención al cliente y otros representantes de la compañía o sus distribuidores (por ejemplo, los vendedores de Best Buy si está buscando opiniones sobre compañías de ordenadores, o el médico de la familia en el caso de los implantes ortopédicos). Hable con amigos perspicaces y con expertos del sector.

Por encima de todo: preste la máxima atención.

Examine las instalaciones

Es cierto, esta recomendación no es útil para todas las situaciones. Desde luego, no le van a dejar entrar en el laboratorio de investigación de una compañía farmacéutica y, si vive en Nueva York, se encontrará muy lejos de un concesionario de John Deere. No obstante, siempre hay formas de captar pistas mediante la observación directa. La presencia física es lo mejor, pero las fotografías también pueden ofrecer mucha información sobre la compañía.

Hágase con una idea general; vea también a continuación una breve lista de aspectos concretos a examinar:

- *¿Están ocupados?* Vaya a un Starbucks. ¿Está lleno? ¿Da la impresión de que la gente está satisfecha? ¿Está lleno a primera hora de la mañana o también en otros momentos del día? ¿Dan las tiendas sensación de mucha actividad? ¿Están llenos los *parkings*? ¿Hay mucha gente en los concesionarios de automóviles? ¿Hay muchos camiones haciendo cola en los muelles de carga de una fábrica o de un almacén? En este punto es importante el muestreo repetido –su visita podría coincidir con un momento de descanso o un traslado de ubicación–. Compruebe en persona las instalaciones que se encuentren cerca de donde usted vive. Verifique otras instalaciones cuando esté de viaje. Pregunte a sus amigo cuál fue su experiencia en el Starbucks al que acudieron.

- *¿Están bien organizados?* Unas instalaciones bien cuidadas, limpias, organizadas, bien mantenidas y aprovisionadas reflejan una buena gestión, fondos suficientes para pagar el coste de la limpieza y la organización, y demuestran que existe sensibilidad hacia la experiencia del cliente. Una tienda con una mercancía dispersa, un deficiente etiquetado de precios, una zona de estacionamiento con baches, las ventanas de los escaparates y los lavabos sucios, manifiesta claramente su indiferencia hacia los clientes. Igualmente, una fábrica o un almacén descuidados quieren decir que hay una cierta negligencia o, peor aún, falta del dinero suficiente para mantener el local en condiciones. Ya sé que muchas compañías químicas o petrolíferas han ganado toneladas de dinero con unas instalaciones feas, desordenadas y descuidadas, pero si tengo que elegir una de ellas me quedaré con la que esté mejor arreglada.

- *¿Están focalizados en el cliente?* ¿Son amables, serviciales y educadas las personas que atienden a los clientes? ¿Están bien diseñados e iluminados sus establecimientos? ¿Es fácil encontrar las cosas? ¿Tiene que esperar mucho la gente haciendo cola? (Yo habría sido capaz de predecir la quiebra de Borders Group quince años antes de que ocurriera, basándome solamente en la cantidad de tiempo que hacían esperar a los clientes en la cola de la caja.) ¿Son sus servicios telefónicos de atención al cliente amables y personalizados o, por el contrario, están automatizados, son impersonales y lleva una eternidad poder hablar con un ser humano? Lógicamente, yo también he sido víctima de pésimos servicios de atención en el pasado, incluso de compañías como Apple, pero si tengo la posibilidad de elegir me decantaré por aquellas que ofrezcan una experiencia útil, agradable y cordial. Y, de nuevo, no tenga miedo de preguntar a sus familiares, amigos y conocidos cuáles han sido sus experiencias.

- *Ayuda, no bombo publicitario.* Cuando usted entra en la oficina de un banco, ¿le ayudan? ¿O bien dedican la mayor parte de su tiempo (y del de usted) tratando de venderle algún nuevo producto o servicio con un argumentario burdo y pésimamente concebido? ¿Se convierte cada contacto en una confrontación publicitaria? Las compañías que quieren de verdad que los clientes adquieran lo que necesitan o desean no los bombardean con mensajes no deseados (por teléfono, carta o *e-mail* y aún menos en persona). Las compañías que tienen productos realmente buenos o un excelente servicio no necesitan actuar así.

Examine la presencia *online* de la compañía

¿Le ha encantado la experiencia? La visita al sitio web de una compañía puede decirle mucho sobre el modo en que la compañía se percibe a sí misma y qué tipo de experiencia se propone ofrecer a sus clientes.

No hay dos sitios web iguales —sería aburridísimo que así fuera—. Algunos tienen pretensiones artísticas —demasiado extravagantes, demasiado sofisticados para ser verdaderamente útiles—. No obstante, podemos afirmar que la mayoría de compañías hacen un buen trabajo descriptivo sobre quiénes son, qué productos comercializan, dónde los venden, cómo trabajan, cómo le ayudan y dónde obtener más información sobre ellas.

No existen directrices específicas en este punto, pero yo busco siempre sitios web que expliquen lo que se necesita saber sobre los productos de una compañía, sus innovaciones y cómo le van a beneficiar. Algunos sitios web se entusiasman con sus explicaciones sobre cómo colabora la compañía con su comunidad, otras están sobrecargadas de palabras en boga y de la jerga propia del sector que somos incapaces de desentrañar. Algunos tienen una navegación muy deficiente. Otros son puros folletos ostentosos que no dicen gran cosa de nada. La compañía estará tirando piedras sobre su propio tejado cuando el mensaje no es claro, no tiene nada que ver con el valor y si describe poco o nada a la compañía y sus productos o cómo estos le beneficiarán.

Ya sé que los anuncios suelen ser aburridos, agresivos y superficiales y no son algo a lo que usted quiera dedicarle mucho tiempo un domingo por la mañana, a menos que usted esté en el mercado buscando alguna cosa en concreto. Pero los anuncios pueden explicar muchas cosas de una empresa y de cómo quiere ser percibida por sus clientes. Y pueden dar mucha información acerca de la posición de la compañía en el mercado.

Por ejemplo, ¿tiene la compañía una imagen de primera clase en el sector o bien domina su nicho de mercado de tal forma que controla el precio? En ese caso, el precio se mencionará poco o nada. ¿Ha visto alguna vez una mención al precio en un anuncio de Apple? A diferencia de esta, otras compañías compiten exclusivamente por precio y le bombardean constantemente con la última oferta y se jactan de que están ofreciendo el precio más bajo del mercado. Estas compañías no controlan el precio y, por tanto, tienen unos estrechos márgenes de beneficio que se estrechan aún más a causa de la abundante publicidad que tienen que costear.

El contenido de algunos anuncios trata de la compañía o de la imagen de la compañía, no de un producto concreto. Algunos anuncios de compañías petrolíferas difunden el mensaje de la concienciación sobre el medio ambiente, lo cual es muy loable, ¿pero se centran en el valor que aportan o se trata simplemente de un ejercicio de relaciones públicas para que usted las odie un poco menos? A usted le corresponde juzgar, pero escarbar para tratar de salir de una posición odiosa tampoco es tan positivo para una compañía. Usted tendría que pensárselo dos veces antes de adquirir una parte de ella.

En ocasiones, una publicidad escasa o nula suele ser el mejor camino a seguir. Con ello se demuestra que la compañía tiene clientes fieles y satisfechos y que el ruido que se genera es positivo para ella. Yo me sentí realmente un poco decepcionado cuando observé que Starbucks intensificaba sus inversiones publicitarias hace algunos años durante su proceso de reestructuración. Había la idea de que su estrategia de hacer muy poca publicidad le estaba funcionando bastante bien. Dejar que el producto se venda por sí mismo y, si se consigue, se venderán más unidades de producto a unos precios más altos y se ahorrará un montón de dinero en publicidad. En cualquier caso, esta parecía ser la filosofía de Starbucks.

Algunos anuncios proyectan no solo un producto, sino también una imagen indeleble que puede obrar maravillas para una compañía. Ningún anuncio me ha impresionado ni me ha conmovido más que el espot de

Chrysler para la Super Bowl de 2011 «Importado de Detroit», protagonizado por Eminem. Al parecer impresionó también a muchas otras personas ya que consiguió triplicar las ventas del modelo de automóvil que se presentaba en dicho anuncio.

Pregúntese a sí mismo: ¿son los anuncios un factor positivo? ¿O son simplemente otro ciclo de una desalentadora espiral de precios descendentes?

Preste atención a los rumores

Tal como se ha comentado anteriormente, usted tendrá que asimilar todo lo que pueda de cualquier fuente creíble que pueda localizar. Los rumores sobre una compañía suelen proceder de sus clientes, de sus empleados, de la prensa económica o de la prensa del sector.

Las revistas (tanto las impresas como las que tienen su base en la web) pueden proporcionar mucha información sobre nuevos productos innovadores, en especial en el área tecnológica. Hay periódicos y revistas sectoriales que merece la pena seguir. No siempre es fácil encontrar contenido gratuito de calidad, pero también puede consultar con amigos que se encuentren en el sector o incluso hacer de tripas corazón y pagar el precio de la suscripción si usted quiere concentrarse en dicho sector.

Es muy posible que los amigos y conocidos que están dentro de un determinado sector asistan a las ferias comerciales del mismo, las cuales son un medio excelente para descubrir nuevos productos, observar cómo una compañía se posiciona a sí misma y a sus productos y captar la opinión general. (¿Cuáles son los estands que más llaman la atención?) Por supuesto, si usted trabaja en un determinado sector, aproveche también estas oportunidades.

Podría seguir con este tema, pero creo que usted ya ha captado la idea. Las empresas competentes valoran a sus clientes y su fidelidad y prestan atención a la experiencia de cliente. Tratan a las personas como *clientes*. No es difícil obtener pistas sobre cómo actúan en este terreno. Póngase en la piel del cliente y compruébelo.

Adquiera el hábito

- Dedique tiempo, preferiblemente cada semana, a seguir la pista de empresas que ya posee o en las que podría querer invertir. Hágalo en su lugar de residencia, cuando viaje y a través de amigos, familiares y conocidos.

- Preste atención a sus propias interacciones, compras y experiencias con una compañía determinada. ¿Podría haber sido mejor? ¿Alguna otra compañía lo hace mejor?

- Analice el nivel de actividad de los clientes, el aspecto que ofrecen las instalaciones y la actitud y amabilidad de los empleados.

- Visite los sitios web. Otorgue un plus adicional a las compañías que transmitan mensajes claros, accesibles y útiles sobre sus productos y sobre cómo le benefician a usted.

- Vea los anuncios. ¿Son eficaces? ¿Qué le están contando realmente?

- Introdúzcase en la red de lo que se dice boca-oreja a través de amigos, empleados, empleados de otras compañías y a través de los medios de comunicación económicos y sectoriales.

Hábito 15

Capte el estilo de dirección y gestión

La presencia y la fuerza en el mercado tal como las describimos en los hábitos 12, 13 y 14 pueden proporcionar unos enormes beneficios intangibles a una empresa y a sus resultados económicos. Menos visible pero igual de importante –si es que no más– es otro pilar intangible: la dirección y gestión de la compañía. Al igual que con los factores existentes en el mercado, usted tendrá que percibir cuál es la calidad, competencia y fiabilidad de la dirección y gestión desde una perspectiva de evaluación cualitativa y sensorial, no a partir de fórmulas, herramientas y recursos específicos.

A fin de cuentas, lo que usted está intentando determinar es si los directivos de mayor nivel y más influyentes están orientados hacia la consecución de objetivos y hacia los intereses de los accionistas o bien están orientados hacia el poder y hacia sí mismos. Mientras trata de resolver la cuestión, tenga en cuenta que la consecución de objetivos puede llevar al poder, pero el poder rara vez lleva a la consecución de objetivos.

Ningún directivo corporativo ofrece un ejemplo mejor al respecto que Steve Jobs de Apple. Aunque no siempre era fácil trabajar para él (sobre todo si no se estaba de acuerdo con su percepción del cliente), toda su visión, su creación de la cultura de Apple, su percepción del producto y su mensaje al público y a los empleados giraba alrededor de «esto es lo que podemos hacer» y «señor cliente, así es cómo resolveremos su problema». No era simplemente un directivo de empresa, era un auténtico líder.

Poco se hablaba y actuaba en Apple con relación a los símbolos del poder, como ascensos, títulos, opciones sobre acciones, jets corporativos (no tenían ninguno), etc. La función de los directivos de Apple era hacer productos y satisfacer a los clientes, y no enriquecerse y acumular poder. Jobs creó una compañía de 500.000 millones de dólares (y otras sobre la marcha), pero murió con un patrimonio personal que ascendía solamente a un 20 por ciento del de su rival Bill Gates y vivió de forma relativamente modesta. Gates era un directivo muy competente y bastante visible. Sin embargo, la mayoría de altos directivos actuales son personas anónimas aparentemente obsesionadas por los títulos, las elevadas compensaciones económicas y los privilegios.

¿Qué clase de equipo directivo preferiría usted? La respuesta debería ser obvia. ¿Es un factor a favor o en contra la dirección de una determinada compañía? Veamos a continuación unos cuantos consejos para adquirir el hábito de captar el estilo de dirección y gestión de una compañía.

¿Qué haría Steve Jobs?

No es de extrañar que haya recurrido a Steve Jobs como ejemplo de excelencia de liderazgo. Lo que Jobs hizo debería ser el estándar para toda persona que examine el liderazgo empresarial con las miras puestas en la generación de rendimientos para el accionista.

Desarrollar la percepción

A aquellos de ustedes que estén familiarizados con el mundo empresarial, la expresión *excelencia en la gestión* puede parecerles un oxímoron insufrible. Sin embargo, el propio Warren Buffett considera que la dirección de la empresa es un factor crítico que puede representar una enorme diferencia. Él cree que es capaz de juzgar acertadamente una compañía a partir de una breve reunión celebrada con su alta dirección.

La evaluación de la excelencia de la dirección de una compañía puede ser complicada. Uno no convive diariamente con estos directivos; de hecho, gran parte de lo que hacen se mantiene deliberadamente en secreto. Sin embargo, una antena sensible es capaz de captar muchas cosas a lo largo de un periodo de tiempo. No obstante, si usted averigua alguna cosa sobre una compañía por la mañana y ya quiere invertir en ella por la tarde, la evaluación de su gestión puede ser bastante difícil.

Una información sólida sobre la dirección de una compañía puede ser bastante difícil de encontrar. Los portales financieros ofrecen links con las biografías y las remuneraciones de los directivos, pero estas informaciones son de escaso valor, excepto para detectar rastros de excesos de codicia y poder. Lo más recomendable es que adopte una perspectiva de marketing, se ponga en el lugar del cliente, observe los logros de la compañía en el mercado y lea y escuche a las personas que conocen mejor el tema, incluidas las exposiciones de los propios directivos en las teleconferencias ofrecidas por sus compañías.

Ahora bien, ¿qué está buscando?

Una fórmula de liderazgo en seis pasos

Esta fórmula está concebida para guiar a los directivos actuales y potenciales hacia la excelencia y el éxito. La dirección y el liderazgo de una compañía cuyas acciones ya posee o quiere poseer pueden revisarse de acuerdo con el cumplimiento en equilibrio de los siguientes seis pasos o atributos para obtener buenos resultados:

- Clientes
- Visión
- Cultura

- Producto
- Mensaje
- Marca

Uno por uno.

Cliente

¿Entiende la dirección de la compañía al cliente? ¿Se pone en el lugar del cliente y crea productos y experiencias que realmente satisfacen las necesidades de los clientes y resuelven sus problemas? ¿Agradan a los clientes y son capaces de crear aquel tipo de entusiasmo y felicidad que les induce a volver? ¿O simplemente llenan un montón de estanterías con productos, los asientos de los aviones con pasajeros o los depósitos de combustible de los automóviles con gasolina?

La mayoría de compañías subcontratan la investigación del mercado a institutos de estudios de mercado. Estas empresas utilizan modelos de eficacia probada para generar informes estándar que no son bien comprendidos por la mayoría de directivos, si es que los entienden en alguna medida o si siquiera los leen. Steve Jobs y otros ejecutivos de primera fila creen en la obtención de su propia visión del mercado a través de la observación y a través de la experiencia directa de los productos de la compañía y de los competidores. Por ejemplo, los directivos de John Deere dedican parte de su tiempo a estar en contacto con agricultores y concesionarios.

La focalización en el cliente puede determinarse en cierta medida a través de las comunicaciones efectuadas por la propia compañía. ¿Destaca en sus comunicaciones y anuncios el modo en que los productos de la compañía benefician a los clientes? ¿Hablan en sus comunicaciones de los clientes y de las ventajas para los clientes o bien se concentran en las victorias y los desafíos de la propia empresa?

Cuando un consejero delegado asume realmente como suyo lo que está colocando en el mercado y lo que transmite al exterior, la compañía funciona bien. En general, usted podrá deducirlo a través de los tipos de productos que comercializa y de los mensajes que comunica. Apple es el ejemplo más claro, pero hay otros como Ford, John Deere, etc., donde parece evidente que hay alguien en la cima de la compañía que está mirando a través de los ojos del cliente.

Visión

El *input* y la sensibilidad del cliente no son eficaces a menos que se sea capaz de crear una visión a su alrededor. Jobs hizo un par de cosas excepcionalmente bien: (1) desarrolló una visión holística o integral, la de un producto completo que satisfaría todas las necesidades del cliente y en el que ganaran ambas partes (piense en iPod y en iTunes); y (2) comunicó esta visión a su gente de forma elegante, sencilla y clara («un teléfono, un iPod y un dispositivo de comunicaciones en Internet, todo en uno»: el iPhone).

Por otra parte, usted puede ver en el mercado cómo arraiga esta forma de pensar tan completa y orientada al futuro. ¿Incorpora el producto todos los materiales y apoyos necesarios para que funcione (estándar) o realmente deleite (objetivo) al cliente? ¿Están bien empaquetados los productos de alimentación e incorporan recetas? ¿Hay wifi y agua gratis en las habitaciones del hotel? ¿Su experiencia de compra en la tienda de muebles va acompañada de los consejos de unos asesores de planta que realmente saben lo que hacen?

Los buenos equipos directivos consiguen acertar en el producto considerado en su totalidad.

Cultura

Ninguna visión irá muy lejos a menos que exista una cultura en la compañía que la haga realidad, sin errores y a tiempo. El mercado está lleno de productos «diseñados por un comité», que parecen ser el resultado de facciones enfrentadas dentro de una compañía que tienen aversión al riesgo. Cuando hay unos equipos directivos inseguros que no quieren correr riesgos y no entienden realmente la visión sino que dedican su tiempo a crear y proteger sus imperios, tenga cuidado. Y cuando, en ausencia de un liderazgo focalizado en el mercado, la compañía parece que está dirigida por un departamento de finanzas que recurre a innumerables atajos de calidad y producción, de nuevo, tenga cuidado.

Piense en los vehículos de Ford o GM en los primeros años ochenta, en el HP Touchpad lanzado y retirado del mercado el mismo año 2011, e incluso en las latas de sopa Campbell de hoy en día con su etiquetado incongruente, algunas con abrelatas incorporado y otras no, y con numerosos sabores que se superponen entre sí. ¿Qué está pasando dentro de Campbell? ¿Y qué ocurre cuando usted no puede contactar telefónicamente con un agente del servicio técnico de la compañía durante diez largos minutos, total para que cuando se ponga al aparato no pueda hacer nada para ayudarle?

Los buenos equipos de dirección de las compañías *delegan autoridad y responsabilidad en sus empleados* para que actúen apropiadamente, de forma independiente y sin fanfarria. Enfocan a sus empleados hacia visiones dirigidas al cliente y lanzan sus productos al mercado a tiempo y con mínimos errores y reconfiguraciones. Los equipos de dirección incompetentes no trabajan así.

Producto

Usted no puede ver directamente los atributos de cliente, visión y cultura, pero sí verá (y percibirá y utilizará) el producto. ¿Tienen lógica los productos con respecto a lo que los clientes necesitan? ¿Dejan realmente huella? ¿Respaldan la marca y la imagen de marca? ¿Se han diseñado, construido, empaquetado y ampliado para hacer lo que tienen que hacer?

La calidad de los productos físicos o la experiencia de una compañía pueden dar mucha información sobre el nivel de competencia y la orientación de su equipo directivo.

Mensaje

¿Comunica la compañía un mensaje claro? ¿Está bien expresado para usted, el cliente? Si no es así, probablemente tampoco estará expresado con claridad dentro de la organización. La comunicación es esencial en el entorno empresarial rápidamente cambiante de hoy en día, y los directivos que no comunican o enturbian sus comunicaciones con una jerga incomprensible y palabras de moda sencillamente no cumplen su función. Vea y escuche su publicidad, sus sitios web y las teleconferencias de la dirección de la compañía.

Nuestro reconocimiento a Steve Jobs por su gestión en Macworld durante todos estos años y por anunciar personalmente los nuevos productos de la compañía, un compromiso auténtico y personal con el mercado y, más sutilmente, con los empleados. Me sorprende que haya tan pocos líderes del mundo empresarial que hayan actuado de este modo.

Marca

Este atributo no tiene tanto que ver con el nombre de marca de la compañía –Coca-Cola, John Deere, Apple o cualquier otro nombre con el que opere la compañía y sus productos–, sino con las pautas y comportamientos del equipo directivo.

Los buenos equipos de dirección son predecibles y lo son en sentido positivo. Ofrecen explicaciones públicas claras, sencillas y con pocas sorpresas acerca de sus ganancias, expectativas y nuevos planes de producto. Los buenos directivos rebosan competencia, son sinceros y capaces de reconocer sus errores, y dan la cara tanto en los buenos como en los malos momentos. (Según afirma Buffett, los directivos que confiesan sus errores públicamente son más propensos a corregirlos.) Para que sus compañías crezcan no dependen de adquisiciones de otras empresas ni del rescate de otras que crecen lentamente o van a la baja. No emprenden reorganización tras reorganización tratando de que sea la fórmula mágica del éxito. Expresan sus visiones y estrategias, que son auténticas visiones y estrategias y no tan solo reducciones de costes. Los equipos de dirección consiguen que sus compañías crezcan haciendo las cosas bien, a través de lograr la excelencia desde dentro de sus organizaciones. Esa es la clave, sus *logros*.

Los buenos equipos de dirección piensan y actúan de forma independiente, en pro de la salud de la empresa a largo plazo. Se resisten a la tentación de despilfarrar energías y recursos para conseguir los resultados del trimestre actual. Buffet llama a este enfoque «evitar el imperativo institucional», lo que significa que hay que evitar las presiones cortoplacistas de Wall Street, de sus analistas y de los inversores institucionales, y hacer lo que es apropiado para la salud a largo plazo del negocio. Los grandes equipos de dirección tienen una visión, una misión y un plan, y los siguen casi a rajatabla evitando distraerse en los aspectos accesorios. Asimismo, el liderazgo desempeña un papel importante. Es improbable que estos equipos sigan el ejemplo de los demás; ellos juegan para ganar y ser los líderes de la competición, no para mantenerse al mismo nivel de los otros.

Los buenos equipos de dirección adoptan una marca de «consecución de logros» y no una marca arrogante de «poder» interesado. Los directivos arrogantes que ocultan los problemas y piensan que podrán resolverlos todos o, peor aún, piensan que son invencibles y que no tienen problemas de ningún tipo, son candidatos seguros a tenerlos.

No confunda el liderazgo con la administración

Algunas personas podrían bromear y decir que estos seis pasos realmente dan lugar a la innovación y no a una buena dirección y gestión global. Steve Jobs fue famoso como innovador o más exactamente como líder de innovadores (desde el primer día en que dirigió a Steve Wozniak, más dotado desde el punto de vista técnico, hacia los diseños iniciales de Apple). No obstante, para conseguir el crecimiento y la excelencia a nivel empresarial en el mercado actual, en especial a largo plazo, las compañías deben innovar y crear una cultura dentro de la cual puedan innovar. El resto es administración y hay muchas personas ahí fuera que pueden hacer este trabajo por usted.

Las teleconferencias

En la mayoría de casos, usted no trabaja para la compañía en la que ha invertido. Así pues, ¿cómo gozará de la posibilidad de escuchar lo que dice la dirección de la compañía y saber cómo lo dice? ¿Cómo captará los matices de la visión, la cultura, la marca, etc.? Lógicamente, es una tarea difícil, y a menos que usted gestione un fondo de inversión de 100 millones de euros es evidente que ni siquiera le cogerán el teléfono. Sin embargo, para el inversor medio hay una forma de conseguirlo: las teleconferencias. Es un método fácil y, además, las teleconferencias de la mayoría de compañías que cotizan en el mercado bursátil se pueden escuchar gratuitamente en Internet, a través de sus sitios web o en la mayoría de portales financieros. Las transcripciones se pueden obtener posteriormente en dichos sitios web. Lo mejor de las teleconferencias es que mientras que el mensaje de la dirección de la compañía está preparado por escrito, no así las respuestas que se dan a los analistas. Los analistas formulan preguntas importantes e incisivas y usted podrá escuchar respuestas sorprendentemente sinceras, y podrá percibir el tono de las mismas. Es posible que algún día se cuelguen en YouTube y podamos evaluar también el lenguaje corporal.

Adquiera el hábito

- Dese cuenta desde el principio de que el conocimiento del grado de efectividad de la dirección y el liderazgo de las compañías es un ejercicio de lectura entre líneas.

- Busque señales de logros y de consecución de objetivos, no señales de poder. Tal como dijo Bill Clinton en una ocasión, «el poder a través del ejemplo, no ejemplos de poder».

- Busque señales de focalización en los clientes, una visión sólida y racional, una cultura ganadora, unos productos ganadores, unos mensajes claros, escuetos y útiles, y una «marca» de una sólida reputación y dirección de la compañía.

- Recuerde de nuevo que usted está adquiriendo una percepción. Si piensa que le gustaría trabajar para la compañía es que está en el buen camino.

Hábito 16

Busque señales de valor positivo y señales de valor negativo

Reconozco que los hábitos que se han descrito hasta aquí en la *Parte II* han sido bastante duros, una especie de curso superior en finanzas y marketing, todo en uno. De hecho, le llevará tiempo asimilar y aplicar los hábitos que van del 7 al 15. Pero lo conseguirá. Aunque parece una lista de control de 25 cosas concretas que hay que hacer, en realidad los *25 Hábitos* constituyen un *proceso de pensamiento* sobre el modo de evaluar las compañías a comprar y poseer junto con algunas señales de aviso y herramientas prácticas y útiles para dotarlos de más eficacia.

No desespere. Al final, lo logrará.

Mientras tanto me gustaría exponer el *Hábito 16. Busque señales de valor positivo y señales de valor negativo* como una breve lista de rasgos de carácter, tangibles e intangibles, que hay que buscar en el análisis inicial de una empresa. Es como una especie de lista de control para el vuelo que los pilotos utilizan antes del despegue en lugar de revisar la totalidad del manual de vuelo.

Utilice este ejercicio para evaluar de forma realista cada compañía con relación a sus diez señales de valor positivo y de valor negativo.

Señales de valor positivo

Las señales de valor positivo son indicadores, no juicios definitivos, sobre si una compañía se encuentra en el buen camino, del mismo modo que la temperatura, la humedad, la velocidad y la dirección del viento y la nubosidad son indicadores del tiempo climatológico futuro. No determinan el tiempo con certeza pero a menudo y en conjunto indican lo que podría ocurrir.

Señales tangibles de valor positivo

Las señales tangibles de valor positivo tienen relación con los fundamentos económico-financieros de la empresa, pero están impulsadas hasta cierto punto por los activos intangibles.

1. *Márgenes de beneficio crecientes.* ¿Están mejorando de forma ininterrumpida los márgenes brutos y netos de explotación? En cualquier circunstancia se trata de una buena señal, implica fortaleza y liderazgo en el mercado, capacidad de fijación de precios y mayor eficiencia.
2. *Productor (no consumidor) de capital.* ¿Produce la compañía más liquidez (tal como muestra el flujo de caja de explotación) que la que consume, tal como indica el flujo de caja de inversiones (inversiones en activos no corrientes, principalmente) y el flujo de caja financiero (aumentos de deuda o de financiación de capital)? ¿Utiliza la compañía el capital generado para pagar dividendos y recomprar acciones?
3. *Crecimiento de los ingresos superior al de los gastos.* ¿Están creciendo los ingresos a un ritmo más alto que los gastos de venta, generales y administrativos? Si es así, es señal de eficiencia, en caso contrario puede ser indicativo de despilfarro, gastos innecesarios o excesivos gastos generales
4. *Crecimiento de los ingresos superior al de las partidas de capital circulante.* ¿Están creciendo más rápidamente los ingresos que las existencias y los efectos a cobrar? De lo contrario, es posible que la compañía no esté gestionando adecuadamente su cadena de suministro. Tal vez no esté comprando el material apropiado o no lo coloca en las ubicaciones apropiadas. Que los efectos a cobrar superen a las ventas indica que la compañía está *comprando* ventas o que está vendiendo a clientes menos solventes.

5. *Crecimiento de los ingresos superior al de las deudas.* De nuevo, de forma parecida a lo que ocurría con los gastos y el capital circulante, cuando en una compañía crecen más rápidamente las deudas que sus ingresos, quiere decir que existe un cierto despilfarro, ya que las deudas se están empleando para financiar capital circulante o activos físicos innecesarios. También puede ocurrir que la compañía esté inmersa en un exceso de adquisiciones. En los últimos años, un modesto crecimiento de la deuda se ha considerado como una actitud prudente a causa de los bajos tipos de interés. Algunas compañías incluso se están endeudando deliberadamente para recomprar acciones. No obstante, todos sabemos que las deudas no pueden crecer eternamente.

Señales intangibles de valor positivo

Las señales intangibles de valor positivo tienen que ver con la decisión de si una compañía, para protegerse de la competencia, tiene, alrededor de su negocio, un foso fácil o difícil de superar.

1. *Una marca fuerte.* ¿Son las marcas de la compañía, o la marca de la propia compañía, un punto fuerte? ¿Llegan al nivel que usted esperaba de la marca? ¿Se está fortaleciendo o debilitando la marca? ¿Pagaría usted (y otras personas) un precio más alto por la marca?
2. *Liderazgo de mercado o de nicho de mercado.* ¿Domina o controla la compañía un nicho de mercado? ¿Tiene una cuota de mercado elevada? Y en ese caso, ¿puede imponer los precios?
3. *Focalización en los clientes.* ¿Vive, respira y respalda la compañía a sus clientes? ¿Se tienen en cuenta y se satisfacen las necesidades de los clientes? ¿Recompensa la compañía a sus clientes más valiosos? Recuerde que la focalización en los clientes no consiste en hacer encuestas, sino en identificar y comprender de verdad a los clientes y en tratarlos bien.
4. *Innovación y cultura innovadora.* ¿Innova la compañía? Con ello quiero decir si realmente aporta nuevas ideas y lleva nuevos productos al mercado o utiliza nuevos procedimientos de distribución de los productos. ¿O simplemente registra un montón de patentes, crea un montón de páginas web repletas de términos técnicos y compite en el mercado con productos prácticamente iguales a la competencia? Busque señales de auténtica innovación y no tan solo de mantenerse al mismo nivel que los demás.

5. *La dirección y gestión de la compañía es un plus y no un freno para los resultados.* ¿Está la dirección involucrada de forma visible en la mejora de la compañía? ¿Tienen los ejecutivos una visión y una estrategia claras respecto a cómo deben ir las cosas? ¿O, por el contrario, la dirección transmite un montón de excusas y mensajes de recortes de costes insulsos e ininteligibles? ¿Le gustaría trabajar para este equipo de dirección?

Señales de valor negativo

Como era de esperar, las señales de valor negativo son banderas de aviso (amarillas), no banderas rojas, sino situaciones que pueden hacerle vacilar acerca de la valía de una empresa. Algunas, pero no todas ellas, parecerán simples señales opuestas a sus correspondientes señales de valor positivo. En estos casos podríamos considerarlas como banderas naranjas, un color un poco más fuerte que el amarillo, pero sin llegar al rojo.

Señales tangibles de valor negativo

1. *Márgenes decrecientes.* Opuestos a márgenes crecientes, unos márgenes que se deterioran son indicativos de una fuerza en el mercado que va a menos, de unos costes de los *inputs* más altos y/o de menor eficiencia operacional. Si los costes más altos de las materias primas (*commodities*) afectan a todas las empresas del mercado (por ejemplo, el petróleo en el sector de las líneas aéreas), usted puede hacer caso omiso de ellos, sobre todo si se trata de un cambio cíclico y no de carácter permanente.
2. *Cuota de mercado decreciente.* Esta variable podría ser más difícil de cuantificar excepto en aquellos sectores en los que los investigadores de mercado las comunican de forma activa, como ocurre en el sector de los PC. No obstante, si una compañía parece que sufre una pérdida de participación de mercado o, peor aún, tiene que recortar continuamente los precios para mantener cuota de mercado, es que algo no marcha bien.
3. *Incapacidad para controlar la estructura de costes.* Algunas compañías, e incluso sectores de actividad completos, son incapaces de controlar

la mayor parte de sus costes, los cuales pueden ser altamente impredecibles a lo largo del tiempo. El sector de las líneas aéreas es el ejemplo típico de esta situación. Las aerolíneas no tienen control alguno sobre los costes aeroportuarios y de combustible, y lo tienen muy escaso sobre los costes de los aparatos y de mano de obra. Es igualmente negativo que a causa de la competencia tampoco tengan mucho control sobre los precios. Este tipo de compañías y sectores han de luchar constantemente contra vientos desfavorables.

4. *Resultados contradictorios.* Los ingresos y las ganancias que suben y bajan y que están por debajo o por encima de las previsiones de un trimestre a otro son indicativos de una compañía que no tiene control de su entorno, o que tal vez ni siquiera tiene el control de sí misma. Dicho esto, algunos equipos de dirección recurrirán a una serie de trucos contables para que puedan parecer coherentes. Por tanto, es probable que una pequeña variación no sea algo negativo, pero si es importante, tenga cuidado.

5. *Consumidoras (no generadoras) de liquidez.* De nuevo se trata de una señal de valor negativo opuesta a la señal de valor positivo de generación de liquidez: si una compañía debe acceder continuamente a los mercados de capitales, endeudándose o vendiendo acciones para financiar su actividad, tenga cuidado. Por lo menos, sea capaz de detectarlo, como es el caso de algunas compañías cuyas cotizaciones crecen con rapidez y que no se basan en fundamentos como sus ingresos o activos físicos.

Señales intangibles de valor negativo

En este apartado, se deben buscar las huellas de cualquier elemento que pueda socavar la posición de mercado o la fortaleza financiera de una compañía.

1. *Estrategia poco clara.* Si usted no puede ver un camino claro por delante para la compañía, saque el pie del acelerador. Hace poco eliminé a Google de mi lista de *Las 100 mejores acciones* porque, con todas sus adquisiciones, no podíamos ver con nitidez hacia dónde se estaban dirigiendo. No podía hacerme una idea de cómo sería la compañía dentro de cinco años. Y aun a riesgo de repetir lo que

dije en el último hábito, recortar costes no es una estrategia, a menos que se esté compitiendo exclusivamente por precio.

2. *Mensaje poco claro.* Cuando soy incapaz de determinar lo que está tratando de contarme una compañía sobre su negocio, ya sea en sus informes financieros, teleconferencias, sitio web o en cualquier otra presentación a cargo de sus directivos, suelo mantenerme alejado de ella. Si todo da la impresión de ser producto de una confusión mental recopilada con un montón de interminables expresiones en boga, o parece que estén ofreciendo justificaciones, pase de largo.

3. *Adicción a las adquisiciones.* Algunas compañías se sienten tan obligadas a crecer y, sin embargo, están tan encerradas en mercados estancados, tecnologías viejas y ejecutorias mediocres, que compran todo lo que se pone por delante de sus ojos. HP, GE hace unos años, y otras compañías, no pudieron resistir el imperativo. El resultado fue que descarrilaron en la gestión de las empresas que ya poseían. Siga a las compañías que se concentran en sus negocios actuales y que tratan de crecer con la innovación y las ganancias «orgánicas» en cuota de mercado.

4. *Partidas contables extraordinarias demasiado frecuentes.* Si la compañía tiene siempre algún tipo de «partidas extraordinarias» a cancelar en sus estados financieros, esto es también señal de problemas. No pasa nada si ocurre de vez en cuando; en ocasiones la compañía necesita reajustarse, por ejemplo, a causa del coste de una adquisición. Pero si estas partidas aparecen una y otra vez ya no son tan extraordinarias y deberían considerarse como un coste normal de una actividad de negocio, a menudo deficiente.

5. *Una dirección invisible.* Si ningún miembro de la alta dirección da la cara, en especial si perciben compensaciones económicas del orden de siete dígitos, tenga cuidado. Siempre es mejor que el equipo de dirección no tema contactar con sus clientes e inversores. Sepa quiénes son sus miembros, qué defienden o representan y qué es probable que digan en las reuniones con inversores, en las teleconferencias, etc. Después de todo, trabajan para usted.

Las señales que hemos descrito en este capítulo tienen el propósito de servir de ejemplo. Usted puede utilizarlas o añadir algunas de su propia cosecha, sobre todo si está haciendo el seguimiento de un sector concreto, como el sector del comercio minorista, en el que las ventas por metro cuadrado son importantes, o el sector cinematográfico, donde el número de premios obtenidos también lo es. Con el tiempo, usted irá creando sus propias señales de valor positivo y de valor negativo.

Adquiera el hábito

- Cree una lista de control (o utilice esta).
- Compruebe por partida doble.
- Descubra quién es malo y quién es bueno.

Hábito 17

Liste tres pros y tres contras

Este es otro hábito muy sencillo. Es tan fácil como contar uno, dos y tres.

El mundo exterior es complejo. Es difícil analizar una compañía. Es complicado compararla con sus competidores. Es difícil hacer un buen seguimiento de los hechos y más aún transformar estos hechos en un análisis significativo que pueda servir de base para tomar una decisión.

Todos los días recibimos constantemente montones de nuevos datos, hechos, ideas e informaciones procedentes de los medios de comunicación, amigos, familiares y colegas de trabajo. ¿Cómo podemos llegar a analizar todo esto para quedarnos con lo que es significativo e importante?

Los investigadores han descubierto que las personas pueden interiorizar y asimilar tan solo de 3 a 7 cosas a la vez. Lea un artículo o escuche una charla y deberían haber solamente de tres a siete puntos clave.

Iré un paso más allá. Creo que solamente debería haber tres puntos clave, Yo lo denomino el «principio de los treses».

Ahí se encuentra el *Hábito 17. Liste sus tres pros y sus tres contras*. Cuando haya recopilado todos los datos e impresiones, liste las tres razones más importantes para efectuar una inversión y las tres más importantes para evitarlas.

Listar tres puntos fuertes y tres puntos débiles, o tres pros y tres contras, es una tarea sencilla en cualquier caso.

Elegancia y simplicidad

¿Ha escuchado alguna vez una charla de Steve Jobs? ¿Con motivo del lanzamiento de alguno de los productos de Apple o de otro acontecimiento similar? ¿Se dio cuenta de la técnica que utilizaba? Todo es simple. Diapositivas individuales con una sola imagen o como máximo con una imagen y unas pocas palabras.

Posiblemente, recordará que muchas de sus presentaciones estaban construidas alrededor del principio de los treses, Primero, una serie de diapositivas simples, tal vez con una imagen y una palabra cada una. Después, resúmenes y para terminar un cierre con tres puntos clave.

La comunicación del lanzamiento del primer iPhone en Macworld 2007, el 9 de enero de 2007, fue inolvidable (*www.youtube.com/watch?v =Q3W58S29eSE*). Me doy cuenta de que puede parecer que me estoy saliendo un poco del tema, pero se trata de una explicación tan brillante que pienso que vale la pena compartirla. He aquí el texto de la charla:

> *He estado esperando este día durante dos años y medio. De vez en cuando, surge un producto revolucionario que lo cambia todo (y ante todo, uno es muy afortunado si ha podido trabajar en uno de ellos a lo largo de su vida profesional). Apple ha sido una compañía muy afortunada. Ha sido capaz de introducir unos cuantos de estos productos a nivel mundial. En 1984, lanzamos el Macintosh. No solo transformó a Apple sino a todo el sector de los ordenadores (aplausos). En 2001, lanzamos el primer iPod, que no solo cambió el modo en que todos escuchábamos música, sino que transformó la totalidad del sector de la música. Pues bien, hoy estamos lanzando tres productos revolucionarios de esta clase.*
>
> *El primero es un iPod de pantalla panorámica con controles táctiles (aplausos). El segundo es un teléfono móvil revolucionario (aplausos) y el tercero es un innovador dispositivo de comunicación por Internet (aplausos).*
>
> *Por tanto, tres cosas.*
>
> *Un iPod de pantalla panorámica con controles táctiles. Un teléfono móvil revolucionario. Y un dispositivo de comunicación por Internet.*
>
> *Un iPod, un teléfono y un comunicador por Internet.*
>
> *¿Lo han captado? No se trata de tres dispositivos independientes. Es un solo aparato. Y nosotros lo llamamos el iPhone (aplausos).*

¿Se ha dado cuenta de lo elegante y simple que es? Él nos ha llevado hasta el nuevo producto, hablando primero de dos innovaciones previas —el Macintosh y el iPod—, logrando que nos preguntemos cuál sería el producto número tres. Llegados a este punto nos condujo a través de los memorables treses de un iPod, un teléfono y un dispositivo de comunicación por Internet.

No le hizo falta gran cosa más para que llegara a la gente su mensaje. ¿Fue memorable? ¿Fue importante? Seguro que sí.

Tres pros, tres contras

A estas alturas, probablemente ya sea evidente la razón de por qué estoy recomendando que resuma el análisis de sus inversiones en tres razones simples y memorables para comprar y otras tres razones para no comprar las acciones de una compañía. Esto le proporcionará no solo una nota recordatoria sobre la que volver más adelante si usted está examinando una lista de compañías, sino que también le obliga a pensar con claridad respecto a cuáles son los pros y contras más importantes.

El caso de Apple podría mostrarse de la siguiente forma.

Pros

- Aceptación entre los clientes y liderazgo a nivel mundial.
- Márgenes extremadamente altos y crecientes.
- Liquidez inmediata de 80.000 millones de dólares.

Contras

- Éxito ya cotizado a 600 dólares la acción (antes del desdoblamiento de acciones (*stock split*) de junio de 2014).
- Incertidumbre respecto a la próxima innovación que cambie las reglas de juego del sector.
- Liderazgo incierto sin Steve Jobs.

Ahora dispone usted de algo para recordar y consultar cuando vuelva a efectuar otra vez el análisis de sus inversiones. Puede –y debería– retocar los pros y los contras. Podría listar cinco o seis pros y el mismo número de contras al principio (lo cual habría sido fácil en el caso de Apple, sobre todo en lo que se refiere a los pros) y luego reducirlos hasta tres pros y tres contras. Si los pros superan a los contras, ya sabe lo que tiene que hacer, a menos, por supuesto, que encuentre una alternativa mejor en el mercado.

Capte la esencia

También puede utilizar el principio de los treses a lo largo del proceso, antes de llegar al análisis de los tres puntos fuertes y los tres puntos débiles finales. Recuerde que en el *Hábito 13. Adopte la perspectiva de marketing*, ilustraba este aspecto en el apartado sobre el análisis DAFO. El análisis DAFO que se muestra en la figura 13.4 ofrece tres puntos fuertes, tres puntos débiles, tres oportunidades y tres amenazas. Se trata de la misma idea.

También se puede utilizar el principio de los treses para desglosar cualquier componente fundamental o intangible. Tres puntos fuertes y tres puntos débiles sobre el balance o el estado de flujos de caja. Tres puntos fuertes y tres puntos débiles sobre la cartera de productos o la dirección y gestión de la empresa. Es la misma idea.

Adquiera el hábito

- Piense en términos de treses: tres puntos fuertes, tres puntos débiles, o tres pros y tres contras.

- Anótelos, sobre todo para tenerlos en cuenta en el «análisis final» de una compañía.

- Corrija y ajuste cuanto sea necesario.

- Pruébelo. Le gustará. Funciona.

Hábito 18

Compre con un margen de seguridad

Usted ha estado analizando una empresa. ¿Es un buen negocio? ¿Es una empresa que usted desea comprar?

Tal vez ya ha tomado una decisión afirmativa: usted desea ser propietario de la misma. Eso está bien. Siempre es bueno saber lo que se quiere. Sin embargo, aún queda pendiente otro pequeño detalle, ¿no es cierto?

En efecto, como en cualquier otra decisión de compra, ¿cuál es el precio? ¿Qué parte de su liquidez que tanto esfuerzo le ha costado ganar (capital) tendrá que emplear para ejecutar la compra? ¿Merece la pena?

Desde luego, existen muchas empresas magníficas. A todos nos gustaría ser propietarios de Apple, es una gran compañía. ¿Pero queremos poseer sus acciones al precio de compra actual? Esa es la decisión difícil.

Este hábito trata sobre la decisión de si el precio es correcto y sobre el hecho de concederse a uno mismo un margen de seguridad en caso de que se esté equivocado.

Lo que vale una empresa, al menos en teoría

Los expertos en finanzas han escrito montañas de trabajos de investigación sobre la valoración de las empresas. Aunque el modelo del «flujo de caja descontado» (FCD) y otros conceptos similares tienen un gran predicamento, yo propongo un modo más sencillo de razonar acerca de una empresa, que, a fin de cuentas, no es tan diferente del modelo del FCD.

Ahí va: el valor de una empresa es simplemente el total de dinero en efectivo que usted recibirá de la compañía durante el periodo de tiempo en que sea propietario de ella. Nada más y nada menos.

Ahora bien, este dinero puede tener diversos orígenes:

- *Dividendos.* Pagos en efectivo que usted recibirá de la empresa de forma regular o irregular, similares a las retiradas de efectivo del propietario de una pequeña empresa privada que no cotiza en el mercado bursátil.
- *Recompras de acciones.* Cuando una compañía acude al mercado para recomprar acciones, las acciones que usted posea se revalorizarán, por lo menos en teoría.
- *Venta final.* Si la compañía se vende a otra compañía, usted recibirá dinero en efectivo de dicha transacción. En el momento de la venta, el valor debería reflejar las ganancias que puedan estar retenidas en la empresa (a diferencia del pago que recibe en forma de dividendos). Por tanto, las ganancias representan un flujo de caja final si todo va bien. La venta de sus acciones es como vender la empresa y debería ser analizada de la misma forma.

La suma total de estas tres actividades es lo que usted, el propietario, obtendrá de una empresa a lo largo del tiempo —nada más y nada menos—. El otro factor a considerar es el momento. Un gran flujo de caja hoy vale más que el mismo flujo de caja dentro de veinte años. Aquí es donde entra en acción el «descontado» en el modelo FCD. Los cálculos matemáticos concretos al respecto sobrepasan el ámbito de este capítulo, pero tener en cuenta el concepto es importante.

En resumen, ¿obtendrá usted una suma en efectivo suficiente, ahora y en el futuro, que justifique su inversión?

Navegar a través de las ratios

Ahora que ya hemos captado los aspectos teóricos, la pregunta es ¿qué precio debería pagar por una acción? Volviendo a la teoría, el precio tendrá relación con la suma en efectivo que usted espera recibir a lo largo del tiempo por la propiedad de una parte de la compañía.

La estimación de los flujos de caja a lo largo del tiempo puede ser muy difícil para un inversor (ya es difícil para los directivos de la propia empresa). Por ello, los inversores y analistas financieros utilizan un método abreviado basado en una serie de ratios. Muchas de ellas, como la ratio precio por acción/ganancias por acción (PER), suelen exponerse y analizarse como parte de la matriz de información estándar sobre una acción determinada en un portal financiero o en otra ubicación.

- *Ratio precio por acción/Beneficio por acción (PER).* Consiste en dividir el precio actual de la acción por las ganancias por acción de los últimos 12 meses. Esta es la definición del PER retrospectivo, mientras que el PER prospectivo compara el precio de la acción con unas ganancias por acción previstas para los próximos 12 meses. Es una aproximación del potencial de rendimiento en dinero en efectivo a largo plazo de la empresa, aunque a corto plazo la mayor parte de este rendimiento se guarda como ganancias retenidas en lugar de ser devuelto como efectivo. ¿Cuál debería ser el valor del PER? La respuesta es compleja. Diferentes estándares de PER son aplicables a diferentes sectores, en función del potencial de crecimiento del sector, estabilidad, fuerza del flujo de caja y otros múltiples factores. El PER también está influido por los rendimientos obtenibles en inversiones alternativas y, por tanto, será más alto cuando los rendimientos fijos o los tipos de interés sean bajos.
- *Ratio de rendimiento de las acciones.* Esta ratio es simplemente el recíproco del PER, es decir, ganancias por acción dividido por el precio de la acción. Mide las ganancias generadas por cada dólar de valor de mercado de la acción. Una acción con un PER de 25 tiene una ratio de rendimiento de las acciones del 4 por ciento (1/25 × 100) y de ese modo puede compararse con otras inversiones, incluidas las exentas de riesgo con rendimientos basados en tipos de interés fijos. Si usted invierte en una acción con un PER de 25, el rendimiento de las acciones debería ser mayor que el de otros rendimientos alternativos. Pero aún nos queda *otro* factor a considerar: el crecimiento.
- *Ratio precio de la acción/Beneficio por acción/Crecimiento (PEG).* Se obtiene dividiendo la ratio PER por las expectativas de crecimiento anual de los beneficios de la compañía. Por ejemplo, una acción con un PER de 25 y unas expectativas de crecimiento anual de las ganancias de un 25 por ciento tiene un PEG igual a 1, mucho mejor que el de otra acción con un P/E de 25 y unas expectativas de cre-

cimiento de las ganancias más escuálidas, del orden del 5 por ciento, cuyo PEG será igual a 5. Recuerde el análisis anterior relativo al flujo de caja. Las compañías que muestran un crecimiento sostenible obtienen rendimientos dinerarios a largo plazo más elevados y, por tanto, un mayor valor. Pagar por una acción 25 veces las ganancias actuales puede estar justificado por una elevada tasa de crecimiento prevista. En general, las acciones con un PEG alrededor de 1 o menos están correctamente valoradas, mientras que un PEG igual a 3 o superior es indicativo de que la acción está sobrevalorada.

- *Ratio precio de la acción/flujo de caja por acción (PFC).* Como el flujo de caja, sobre todo a largo plazo, puede ser un mejor indicador de la auténtica actividad de la empresa, algunos analistas examinan la ratio PFC como una alternativa al PER. Algunos ahondan aún más y examinan la ratio precio/flujo de caja libre, es decir, el flujo de caja disponible después de efectuadas las inversiones en activos no corrientes.

- *Ratio precio de la acción/Ventas o ingresos por acción.* Es un indicador rápido de la aceptabilidad del precio, algunas veces también calculado como «capitalización de mercado» (precio de la acción multiplicado por el número de acciones en circulación) dividida por los ingresos o ventas totales. Como individuo que quisiera comprar una pequeña empresa, usted vacilaría en pagar tres o cuatro veces las ventas anuales de la compañía. Idealmente, el valor debería ser igual a uno o menos. Esto también es cierto para las inversiones aquí consideradas, aunque también deben considerase las tasas de crecimiento y los márgenes de beneficio.

- *Ratio precio/Valor contable.* Es el precio de la acción dividido por el valor contable por acción. Lamentablemente, como se comentó en el *Hábito 10. Valore los fundamentos,* el valor contable puede no reflejar la realidad y, por tanto, esta medida es relativamente menos útil en la mayoría de sectores de actividad. Sí tiene sentido en el campo de los servicios financieros y otros sectores similares, en los que la mayoría de los activos son dinero en efectivo y valores mobiliarios.

En resumen, las ratios de valoración son un medio práctico de estimar el precio de una empresa, no su éxito. Son especialmente útiles para las comparaciones entre empresas. Las ratios ayudan a dotar de sentido a los datos financieros y al precio de la acción. En las páginas web de los portales financieros encontrará más ratios clave.

Cuidado con las ratios

Todos los analistas financieros, tanto aficionados como profesionales, deben evitar la tentación de utilizar las ratios y otras herramientas del análisis financiero sin tener en cuenta las cifras subyacentes. Si, por ejemplo, una compañía efectúa un cargo único con motivo de una reestructuración de plantilla, el PER estará distorsionado por el correspondiente impacto en las ganancias. Por tanto, es de utilidad examinar los aspectos económico-financieros subyacentes, incluyendo el análisis realizado por la compañía, antes de considerar las ratios como el evangelio. Dicho esto, una compañía que repita continuamente estos acontecimientos «únicos» (y algunas compañías lo hacen) debería ser juzgada en consecuencia.

Si usted tuviera 50.000 millones de euros...

Ratios, flujos de caja, cálculos, cifras, pueden ser temas un poco agobiantes, en especial para los que invierten a tiempo parcial y tienen un trabajo a jornada completa o alguna cosa más importante que hacer a lo largo del día. El análisis de estos datos puede ser bastante tedioso y árido aunque disponga de tiempo para hacerlo.

Un test que yo llevo a cabo periódicamente cuando considero una inversión es simplemente simular que estoy comprando la totalidad de la empresa. Ahora bien, ¿es esto realmente una sorpresa después de haber leído el *Hábito 7. Compre como si estuviera comprando toda la empresa*?

Veamos cómo hacerlo. Tome simplemente la capitalización de mercado –precio actual de la acción multiplicado por el número de acciones en circulación–. Obtendrá una cifra muy elevada, una cifra que se titula de rutina en los portales financieros como capitalización de mercado o capitalización bursátil.

La capitalización bursátil es el valor total de una compañía, tal como es percibido por el mercado. El *mercado* es la totalidad de la comunidad inversora que compra y vende una acción y, por tanto, llega a fijar un precio a un determinado nivel a través del agregado de todas sus decisiones.

De esta forma tenemos una cifra de 41.000 millones de dólares para Starbucks, 38.000 millones de dólares para HP, 40.000 millones de dólares para Costco, 17.000 millones de dólares para Kellogg's, 169.000 millones para Coca-Cola o 500.000 millones de dólares para Apple, la compañía con mayor capitalización de mercado.

Si usted tuviera el dinero, ¿adquiriría alguna de estas compañías? ¿Compraría Starbucks por 41.000 millones de dólares? ¿O preferiría adquirir Starbucks, HP o Costco a dicho precio? ¿Preferiría comprar Coca-Cola o las tres compañías que acabamos de citar más otra de tamaño similar como remate? ¿O qué tal si adquiere Kellogg's y se guarda 25.000 millones de dólares para una próxima idea de inversión?

¿Valora el mercado correctamente a las compañías? Warren Buffett diría que el mercado suele equivocarse con frecuencia.

Aunque se trata de un juego con mucha fantasía, es divertido y le ayudará a desentrañar cuáles son las compañías que le gustaría realmente poseer a un *precio determinado*. Esto realmente da mucha información sobre si a usted realmente le gustaría ser propietario *de unas cuantas acciones* de dicha compañía.

Ofrecer el margen de seguridad

La valoración de una compañía está lejos de ser una ciencia exacta. Si lo fuera, todos compraríamos cuando el PER cayera por debajo de 12 y venderíamos cuando aumentara por encima de 12 y estaríamos la mar de felices y satisfechos.

Sin embargo, la realidad es que la valoración de las compañías es extremadamente imprecisa y el precio, la etiqueta del precio real que la comunidad inversora agregada pone a una acción, es aún menos preciso. El valor es incierto y el precio es todavía más incierto, porque miles de interesados pueden tener distintas opiniones sobre cuál es ese valor.

Como inversor, usted no va a quedar exculpado por completo. Tal vez tenga un enfoque mejor y más racional de la valoración de una empresa que otra persona y es posible que usted tenga una mejor percepción de lo que se debe pagar que el próximo inversor. Eso es magnífico, pero nunca acertará por completo. Es como la predicción del tiempo: muchas observaciones, muchos datos, muchos modelos y muchas interpretaciones, pero al final puede llover a pesar de las previsiones.

¿Qué hace usted como inversor? Buscar un margen de seguridad. Esta idea tiene sus orígenes en el concepto de inversión orientada al valor, introducido allá por los años treinta por Benjamin Graham, que llegó a ser maestro de Buffett. Se examina la compañía, se decide el intervalo de precios correcto y luego se persigue invertir en un punto aún más bajo, por si acaso estamos equivocados.

Así pues, si usted decide que Starbucks está bien valorada a 41.000 millones de dólares, es decir, a 53 dólares por acción, dé un paso atrás y espere, tal vez pueda comprarla a 47 dólares por acción, más o menos, lo que significa un 10 por ciento de descuento. Ese 10 por ciento le proporciona un margen de seguridad para el caso de que esté equivocado. No es un método infalible, pero le ayudará mucho a lo largo del tiempo.

Adquiera el hábito

- Considere el valor de una empresa como la suma de todos los futuros flujos de caja.

- Analice las ratios. Utilícelas como guía de futuros rendimientos y para comparar alternativas.

- Simule que está adquiriendo la totalidad de la empresa. ¿Aún desea comprarla?

- Otórguese un margen de seguridad adicional, comprando a un precio con descuento, por si acaso.

Parte III

Sea propietario para tener éxito. Saque el máximo partido a su cartera de valores

Una vez que haya adquirido una acción o cualquier otra inversión, ¿ya está todo hecho? No. Si usted hubiera comprado la totalidad de la compañía debería seguir controlando su evolución, gestionarla para sacarle el máximo partido y venderla si su rendimiento desciende o si hay algo mejor para comprar.

Los siete hábitos de la *Parte III* le ayudarán a sacar el máximo partido de sus posesiones y, en particular, a tomar esas decisiones de venta tan difíciles.

Hábito 19

Cuando decida comprar, hágalo de forma inteligente

Usted ha meditado a fondo sobre la adquisición de la compañía ZYZ. Ha seguido al detalle todos los hábitos de la *Parte II* para llegar a una decisión: sí, usted quiere ser propietario de XYZ. En cualquier caso, unas cuantas acciones. Se trata de un buen negocio y usted desea invertir parte del capital que ha ganado con esfuerzo para incorporarse a las perspectivas actuales y futuras de la compañía –al precio actual o a uno próximo– antes de que el tren salga de la estación.

¿Y ahora qué?

Aquí es donde muchos inversores, generalmente pacientes, pierden la cabeza. Tratan de pillar el precio más bajo de la semana, del mes o del año. Tal vez se trata de ahorrar un poco de dinero; tal vez del derecho a presumir; no lo sé. Es como comprar un producto de primerísima calidad en una tienda normal y corriente. Usted sabe que lo necesita, que lo va a comprar de todos modos y que va a ser su propietario durante una temporada, Así que, ¿por qué esperar durante varias semanas e ir de rebajas para ahorrar un pequeño tanto por ciento? ¿Por qué atravesar toda la ciudad de arriba abajo, gastando gasolina, con el objetivo de ahorrar unos cuantos céntimos por litro en gasolina?

Sin embargo, la gente actúa de este modo continuamente.

El tema de este hábito no es invertir de forma inteligente, sino *comprar* de forma inteligente. Tiene que ver con prestar una cierta atención al

173

comportamiento del precio de la acción para intentar comprar en un buen momento, pero sin esperar eternamente. Es sobre no esperar demasiado ni jugar como hacen los creadores de mercado (*market makers*) y los agentes por cuenta propia (*dealers*) que venden la acción para ganar unos cuantos céntimos. Por último, analizaremos un tema avanzado –opciones *puts* cubiertas– que le permiten transformar una decisión de compra en firme en un ingreso actual en efectivo.

Observe por lo menos durante un tiempo

Usted finaliza el análisis y la decisión de compra es positiva –quiero ser propietario de la compañía XYZ–. ¿Y ahora qué? Usted puede acceder a su agencia de valores *online* y comprar. Probablemente, este comportamiento es correcto, porque si está comprando con un objetivo a largo plazo, ¿a quién le preocupan los altibajos del precio en el día de hoy?

Este debería ser su *modus operandi* habitual. Si usted quiere ser propietario de una inversión durante cinco, siete, diez veinte años, ¿es tan importante este recargo del 1 por ciento que se le pide que pague porque hoy el mercado está fuerte? Bajo una consideración global a largo plazo, no, pero...

A mí me gusta observar el movimiento de la cotización de la acción un poco antes de la compra, así como echar un vistazo al gráfico que representa el pasado reciente de la cotización. ¿Por qué? Bien, para mí se trata de un último test sobre la salud de una compañía y es una oportunidad de encontrar tal vez un mejor punto de entrada, en especial en una compañía realmente buena que pueda ir creciendo de forma regular a largo plazo. No voy a examinar todas las estaciones de servicio de la ciudad, pero por lo menos sí una o dos.

También me gusta evaluar la tendencia a corto plazo. Si es marcadamente débil, puede reflejar un error en mi análisis, sobre todo si la mayor parte del mercado presenta un movimiento lateral o al alza. Además, aunque me gustaría mucho creer en una información perfecta –es decir, que todo el mundo en el mercado dispusiera de la misma información–, sé que esta no es la realidad. Si la compañía está pasando una época en que las ventas se ralentizan, los costes de los *inputs* aumentan o surge algún otro factor que pueda incidir en los resultados de la compañía, hay personas más cercanas a la situación que yo que probablemente la conozcan. Este es un hecho de la vida. Por supuesto, el truco consiste en tratar de determinar la fuente del malestar y decidir si afecta a la marcha de la empresa a largo plazo. Si no es así, es probable que usted haya tropezado con otra oportunidad de compra.

Asimismo, si resulta que la tendencia a corto plazo es altamente positiva, podría esperar unos cuantos días para ver si se enfría. Incluso las acciones que están lo más alto de la cresta de la ola bajarán de precio cuando el mercado descienda. Tengo la costumbre de comprar siempre en un día en *rojo* porque así aumentan las probabilidades de no pagar demasiado por una acción, y hay suficientes días en rojo para no tener que esperar en exceso.

El riesgo es que espere demasiado tiempo y entonces el tren salga de la estación sin usted. Es mejor subir a bordo pagando un poco más de lo que usted quería que perseguir el tren por los raíles sin llegar a alcanzarlo.

Evidentemente no hay ciencia que se pueda aplicar en este punto. En realidad es un arte que se adquiere a través de la experiencia. Esté atento y sea paciente, aunque no demasiado paciente. Si ha tomado la decisión de negocio adecuada, vaya a por ella.

No ponga límites en sus órdenes de compra

Los agentes de valores y la mayoría de la literatura sobre inversiones ensalzan las virtudes de los tipos de órdenes especiales que se pueden utilizar cuando se compra o se vende una acción. Estos tipos de órdenes permiten especificar un precio y/o una condición, y cuando estos se cumplan la orden se ejecutará o activará en el mercado.

La más popular de ellas es la orden con un límite, donde se especifica a qué precio quiere comprar (cómo máximo) o vender (como mínimo) un valor. Esta orden solo puede ejecutarse cuando alguien que está al otro lado del mercado —un operador, un agente por cuenta propia u otro inversor— acepta dicho precio. «Comprar 100 acciones de Intel a 27,50 euros como límite máximo, orden con validez solo para el día de hoy» es un buen ejemplo de cómo es una orden de este tipo. (Usted no tiene que escribir estas instrucciones; el sitio web de intermediación propone las distintas alternativas por escrito.) Esto significa que usted está dispuesto a pagar exactamente 27,50 euros, ni un céntimo más, por las 100 acciones de Intel y esta intención (conocida como oferta o puja en el mercado) se anulará si no se ejecuta durante dicho día hábil.

Este tipo de órdenes son utilizadas en gran medida por los operadores. Los operadores se ganan la vida comprando y vendiendo activamente, ganando unos pocos céntimos o uno o dos euros por aquí y otros por allá, a lo largo del día, la semana o incluso periodos de tiempo más largos. Ellos compran y venden los valores para obtener ganancias a corto plazo; no están invirtiendo; no les importa gran cosa la empresa ni ser propietarios de ella. Compran y venden acciones, no empresas. No hay nada de malo en esta conducta, lo que ocurre es que no se trata realmente de una inversión.

Las órdenes con límite tienen mucha lógica para los operadores. Los operadores necesitan controlar sus precios de entrada y de salida para asegurar sus ganancias a corto plazo. Actúan en el mercado como los comerciantes en antigüedades: buscan buenas transacciones, compran y a continuación tratan de vender cuanto antes a un precio más alto. Para ello, tienen que ser capaces de comprar y vender a precios previamente establecidos.

Como inversor, a usted no le hace falta actuar así. ¿Qué importancia tiene pagar 27,50 euros o 27,51 euros por una acción de Intel, si su plan es mantenerla en cartera durante 10 años? Una orden de mercado dice simplemente «comprar»; a continuación la plataforma de intermediación acude al mercado para encontrar el mejor precio disponible. Por tanto, como inversor orientado al valor y a la propiedad de la empresa, usted debería utilizar las órdenes de mercado consignando que se ejecuten al mejor precio posible.

Comprar pronto y a menudo

Usted es un inversor ocupado, demasiado ocupado para dedicar un montón de tiempo a analizar constantemente los mercados y las empresas que posee. Usted obtiene unos buenos ingresos de su trabajo habitual. ¿Cómo asegurarse de que su dinero se invierte de la mejor manera posible, sin necesidad de pasarse todo el fin de semana, cada fin de semana, llevando a cabo el tipo de análisis que expusimos en la *Parte II*?

Estoy convencido de que los inversores prudentes deberían creer en sí mismos, creer en las acciones que han seleccionado y seguir fieles a ellas. Y seguir invirtiendo en ellas. No quiere decir esto que no deba estar atento a sus vicisitudes —me referiré a este punto más adelante—. Pero a medida que vaya disponiendo de capital para invertir, estoy convencido de que debe colocarlo con cierta regularidad en las inversiones que ya tiene. Es decir, comprar unas cuantas acciones más a intervalos regulares, tal vez mensualmente, para consolidar su posición. Por supuesto, ya doy por sentado que sus inversiones están bien diversificadas (de cinco a siete acciones o fondos de inversión; véase *Hábito 4*) y que no es necesario añadir nuevos valores.

Los profesionales de las inversiones mencionan las ventajas de invertir una suma de dinero fija en un valor o valores concretos (*dollar cost averaging*) cada cierto tiempo. Cuando hablan de ello parece que se trate de física cuántica pero en realidad no es tan complicado. Veamos cómo funciona: se reserva una suma de dinero lógica para invertir, por ejemplo, 5.000 euros al trimestre, y se asigna a los diversos valores que componen su cartera: *X* acciones de la compañía A, *Y* acciones de la compañía B, etc., sean cuales fueren las cotizaciones del momento. (Con las elevadas comisiones de corretaje de antaño esto solía ser una mala idea, pero no así con los costes de compraventa actuales que se sitúan en el rango de los 10 euros por transacción.)

Lo inteligente de este planteamiento, aparte de ser un sistema de ahorrar constante y disciplinado, es que se compran más acciones de la compañía A, cuando su precio está barato y menos cuando está caro. A lo largo del tiempo, disminuirá el precio medio de las acciones que posea y acabará ganando más dinero.

¿Lo ve? Usted también puede ser un profesional de las inversiones

Tema avanzado: vender opciones *put* para obtener algunas ganancias de sus decisiones de compra

Aquellos de ustedes a los que les asusten conceptos como *opciones* y *derivados*, pueden interrumpir aquí la lectura del libro y pasar al hábito siguiente.

Para el resto de ustedes, inversores curiosos e intrépidos, describiré esta técnica que transforma sus intenciones de compra en un pequeño ingreso de dinero en efectivo. Analizaré la principal aplicación de las opciones para generar ingresos *sobre las acciones que usted ya posee* en el *Hábito 22. Retribúyase a sí mismo*. Este hábito trata de la generación de ingresos *sobre las acciones que usted haya decidido comprar*.

Las opciones son valores que se negocian en el mercado y que permiten a un inversor (u operador) comprar o vender el *derecho* a comprar o vender un valor a un precio fijo determinado (*precio de ejercicio de la opción*) en una fecha predeterminada futura o antes de dicha fecha (*fecha de vencimiento*). Ese derecho vale dinero y, por tanto, se compra y se vende como un título o valor independiente, y el coste o precio de dicho contrato de opción se conoce como *prima*. El comprador de un contrato de opción paga la prima, el vendedor la cobra.

Existen dos tipos de opciones. La opción consistente en comprar un valor a un precio de ejercicio de la misma en una fecha de vencimiento determinada se llama *call*; la opción consistente en vender un valor a un precio de ejercicio en una fecha de vencimiento determinada se llama *put*. Un inversor que quisiera apostar a que una acción subirá compraría una opción *call*, porque dicha opción aumentaría de valor a medida que la cotización de la acción se acercara y, sobre todo, superara el precio de ejercicio de la opción. Un inversor que quisiera apostar a que una acción bajará compraría una opción *put*, que le daría el derecho a *vender* la acción a un precio fijado, lo cual sería beneficioso si la acción caía por debajo de dicho precio fijado.

Así pues, un inversor «alcista» de Intel (precio actual, 27,50 dólares) podría comprar opciones *call* a 28 dólares con fecha de vencimiento en septiembre (mes actual, mayo) y pagar, por ejemplo, 1 euro por ellas. Si en la fecha de vencimiento de septiembre la acción sigue cotizando a 27,50 dólares, las opciones *call* no tendrán ningún valor. Sin embargo, en mayo sí tienen valor, porque quién sabe si la acción podría subir hasta los 32 dólares en septiembre. Inversores y operadores pagan la prima para tener esta posibilidad. El vendedor de la opción *call*, que presumiblemente es el propietario de las acciones de Intel, quiere ganar la prima de 1 dólar y espera que la acción cierre a 27,99 dólares y así podrá conservar las acciones.

Situémonos ahora en la parte de la venta y hablemos de opciones *put*. Un inversor posee 100 acciones (ese es el número mínimo para un contrato, un contrato de opción debe ser para 100 acciones) y le preocupa que puedan bajar. Así que compra una opción *put* a 27 dólares con fecha de vencimiento en septiembre, lo que le da derecho a vender a 27 dólares en la fecha de vencimiento. Por supuesto, saldrá ganando si la cotización de la acción cae por debajo de los 27 dólares. Lo que hace el inversor en realidad es comprar un seguro para esta parte de su cartera.

Veamos ahora cómo puede ganar unos pocos dólares a corto plazo sobre la base de su decisión de compra. Resulta que usted ha decidido comprar acciones de Intel y piensa que 27,50 dólares es un precio razonable. Pero usted es un inversor paciente y no tiene prisa. Dispone de 2.750 dólares en efectivo en su cuenta de inversiones. He aquí lo que puede hacer: en lugar de adquirir las acciones, considere la venta de la opción *put* a 27 dólares en la fecha de vencimiento de septiembre a ese otro inversor. (Esto es más fácil de hacer de lo que parece; es probable que su corredor de bolsa o agencia de valores tenga plataformas de negociación de opciones, solo hay que preguntarlo.) Por tanto, cobra la prima de 1 dólar, básicamente por no hacer nada. Si la cotización de la acción cae hasta los 26 dólares, usted acabará siendo propietario de las acciones a 27 dólares (el otro inversor acabará ejerciendo su opción para vendérselas a usted, pero usted ya había decidido que estaba conforme con tenerla por 27,50 dólares).

En lugar de comprar acciones inmediatamente, usted puede vender opciones *put,* para ingresar una cierta suma dinero en efectivo. Al final conservará su dinero en efectivo y también puede acabar con la propiedad de las acciones al precio que ya había decidido que era correcto.

¿Lo ha comprendido? Dé dos vueltas de entrenamiento al circuito antes de competir en la carrera de verdad.

Adquiera el hábito

- Tenga paciencia. Observe el movimiento de la cotización de la acción durante unos cuantos días, como mínimo, antes de la inversión efectiva.

- Compre cuando decida comprar; utilice las órdenes de compra al mejor precio posible; no juegue con los límites para tratar de ahorrar unos pocos céntimos.

- Invierta periódicamente en las acciones que ya tiene; aprovéchese de las ventajas de invertir una suma fija en ellas cada cierto tiempo.

- Si le apetece, venda opciones *put* para ganar un poco más a partir de sus decisiones de compra.

Hábito 20

Manténgase constantemente al tanto de lo que pasa

Cuando cambie de perspectiva y pase de la selección y compra de acciones a la propiedad de las mismas, descubrirá muchísimas similitudes entre los hábitos que puede utilizar para comprar y los hábitos que puede utilizar en su condición de propietario. Cuando usted adquiere las acciones de una compañía, usted tiene unas expectativas, y dichas expectativas están establecidas de acuerdo con su análisis de la compañía.

Cuando usted adquiere las acciones de una empresa, la analiza en detalle para determinar en primer lugar si puede satisfacer sus expectativas durante el periodo de tiempo en que usted es el propietario de las mismas. Adquiere un buen conocimiento de la compañía, evalúa sus puntos fuertes y sus puntos débiles y decide si merece la pena tener acciones de la misma.

Cuando ya es propietario de la empresa, pasa por un proceso similar, excepto que ahora se asegura de que siga satisfaciendo sus expectativas. Dado que usted tiene acciones pero no es un directivo de la compañía, poca cosa puede hacer para cambiar el curso de los acontecimientos. Pero sí puede hacer muchas cosas para saber cuál es la marcha de la compañía y si esta le satisface.

Con este hábito, aprenderá a vigilar su compañía como podría hacerlo a distancia cualquier propietario de un negocio. Compruebe la cotización de la acción y siga las noticias de la compañía por lo menos una vez a la semana; revise no solo la compañía sino también su sector. Lea las comunicaciones de ganancias, asista a teleconferencias para inversores, etc.

La revisión semanal

Como mínimo debería comprobar sus inversiones una vez a la semana. Probablemente sería mejor a diario, pero no todos disponemos del tiempo o estamos interesados.

Compruebe la cotización de la acción (siempre es útil recordar el precio al que la compró). Revise las noticias y artículos recientes. El mejor modo de hacerlo suele ser *online* a través de uno de los diversos portales financieros. Google Finance, Yahoo! Finance e Invertia están entre los mejores, aunque muchos sitios web de agencias de valores proporcionan la misma información. Los periódicos económicos como el *Wall Street Journal, Cinco Días, Expansión* y la sección de economía del *New York Times*, por citar algunos ejemplos, ofrecen un índice de noticias y reportajes por compañías. Con los dispositivos inteligentes de hoy hay montones de maneras para mantenerse al día de las novedades relativas a una compañía.

Lo mejor es reservar tiempo a primera hora de la mañana, a última hora de la noche o durante el fin de semana para surfear en las historias que puedan afectar a sus compañías. Hágalo de forma periódica. También podría explorar los sitios web de las compañías para ver qué hay de nuevo; tal vez no todas las compañías de las que tiene acciones cada semana, pero sí como mínimo de vez en cuando.

La idea es regar por goteo su base de conocimientos.

El informe financiero trimestral

Cuando las empresas de las que tiene acciones comunican sus ganancias trimestrales ha llegado el momento de prestar más atención. La mayoría de compañías informan de la fecha de comunicación con bastante antelación. Unas buenas notas informativas sobre las ganancias incluyen no solo los datos y hechos económico-financieros del pasado, sino también previsiones de futuro de los mismos y los fundamentos clave que los impulsan como, por ejemplo, márgenes de beneficio y flujos de caja más elevados. Los informes trimestrales ofrecen también información de algunos intangibles, como nuevas innovaciones, victorias significativas en el mercado, etc. La información útil, clara y bien explicada y un buen equilibrio entre temas tangibles e intangibles suele indicar que existe un equipo directivo competente y transparente y una buena historia. Si usted lee una comunicación de ganancias y no acierta a descifrar de qué están hablando, *tal vez no sea usted el culpable.* Podría ser que hubiera una razón de fondo por la que las cosas no se dejen claras.

Una vez más destacamos que las teleconferencias son un medio excelente, no solo para captar los hechos sino también los matices y el tono, así como la percepción del éxito o fracaso pasado, presente y futuro que pueda tener del equipo directivo. Las teleconferencias constan de una presentación preparada por escrito de los datos y hechos financieros en que, cómo a todo material preparado, se le puede dar un sesgo positivo a casi todo. Aparte de esto, las preguntas que formulan los analistas y las respuestas que dan los directivos a dichas preguntas pueden ser muy reveladoras, aunque algunos analistas van demasiado lejos y tratan de ridiculizar a los directivos con cuestiones de matiz y detalle que no se puede esperar que estos sean capaces de explicar.

Escuche y aprenderá mucho de las teleconferencias. Probablemente es la mejor oportunidad que tiene a su disposición para recibir noticias de los directivos de su compañía.

La experiencia personal

El *Hábito 14. Póngase en la piel del cliente* es importante durante el periodo de tiempo en que usted es propietario de las acciones de la compañía, así como en la fase de consideración inicial de compra. ¿Por qué? Porque usted debería ver una serie de cosas por sí mismo respecto a si:

- La *compañía* y sus productos siguen teniendo eco en sus clientes. ¿Sigue la gente entusiasmada con los productos de Apple y el café de Starbucks?
- La *experiencia* sigue estando a la altura de las expectativas. ¿Hay nuevos inhibidores en escena, como largas colas para pagar la compra, instalaciones descuidadas, etc.? Recuerde que no se trata tan solo del producto, sino de la experiencia, y la experiencia debería estar a la altura de la marca y reforzarla.
- *Lo que se habla.* ¿Sigue hablando la gente de los productos de Apple y del café de Starbucks? ¿De forma positiva? ¿O más bien está molesta por los altos precios, un servicio de atención al cliente pésimo, etc.?
- La *innovación* está bien encaminada. ¿Son realmente nuevos los modelos que exhiben los concesionarios? ¿Hay señales de innovación y de paso enfocados hacia la consecución del liderazgo de mercado? ¿Qué

le parecen a usted? ¿Atraen la atención del resto de la gente? ¿Qué dicen los que trabajan en el concesionario acerca de ellos? ¿Qué ha observado en los medios de comunicación?

Usted puede ponerse en el lugar del cliente y moverse de un lugar a otro para averiguar todo esto, o simplemente puede comprar directamente el producto. Unos cuantos euros gastados aquí y allá de vez en cuando en una compañía de la que usted es propietario no hacen ningún mal. Yo lo hago muchas veces. Pregúntese si después de su experiencia con el producto aún le gustaría ser propietario de la compañía. Es evidente que si la compañía comercializa aviones de combate, esta recomendación es impracticable. Pero si viaja en avión y tiene acciones de Boeing, pregúntese si viajar en este tipo de aparato sigue siendo una experiencia positiva.

¿Qué está haciendo la competencia?

Las personas de negocios que son inteligentes no operan en el vacío, sino que siempre tienen un ojo abierto vigilando a la competencia. ¿Qué está haciendo la competencia? ¿Qué productos están vendiendo? ¿Qué nuevos productos tienen? ¿Se habla de ellos, están recibiendo publicidad boca-oreja y cobertura mediática? ¿Cómo están comercializando sus productos? ¿Cuáles son algunas de las características operacionales clave que hacen que sus empresas tengan éxito o que, por el contrario, lo reprimen?

¿Siguen vigentes las ventajas competitivas y competencias de su compañía? ¿Siguen siendo tan sólidas como antes?

Como inversor, usted debería vigilar a la competencia de su sector, aunque sea con el rabillo del ojo. ¿Qué están haciendo y cómo lo están haciendo? ¿Están triunfando en el mercado? ¿Están ganando más dinero que su compañía? ¿O bien es su compañía la que sigue al frente y cobrando nuevo impulso?

Si tiene acciones de Starbucks, entre en un establecimiento de la competencia y pregúntese si la experiencia es mejor o peor. ¿Tienen más o menos clientes? ¿Está el local más limpio o más sucio? ¿Es mejor o peor el café que sirven? Estas evaluaciones pueden darle la misma información, si no más, que la que le ofrecerá el próximo informe financiero trimestral.

Almuerce con sus amigos expertos

A pesar de que llevo mucho tiempo trabajando en el mundo de las acciones, sé que no puedo estar al día de todo lo que pasa en un sector, en especial si se trata de un sector complejo donde los cambios se producen con rapidez como ocurre en la mayoría de los sectores de alta tecnología. Le recomiendo que, si es posible, haga amigos entre personas que están en el sector o próximos al mismo (por ejemplo, un comercio de electrónica para informarse del sector de los ordenadores), y que de vez en cuando pase algún tiempo con ellos hablando del tema. Almuerce con ellos y exprímales el cerebro para que le informen de las últimas tendencias relativas a clientes, productos y empresas. Capte el espíritu, el estado de ánimo y el grado de entusiasmo. Si todo lo que le dicen son quejas sobre lo complicadas e ineficientes que son sus empresas y que todo es un desastre, esté alerta.

Solo le costará un almuerzo, un precio muy bajo a cambio de una buena información empresarial. Además, es de esperar que disfrutará del almuerzo. Pero recuerde que se trata tan solo de uno de los muchos datos a obtener. *Buen provecho.*

Adquiera el hábito

- Dedique tiempo regularmente a explorar las noticias y cotizaciones y a comprobar el progreso de las compañías de las que tiene acciones.

- Lea en detalle los informes financieros trimestrales y escuche las teleconferencias para los inversores.

- Póngase en el lugar de los clientes. Deambule de aquí para allá, perciba el negocio, capte lo que piensan los clientes y asegúrese de que la empresa está bien encaminada.

- Vigile a la competencia.

- Manténgase en contacto con los expertos del sector.

Hábito 21

Reaccione a las noticias, pero no de forma exagerada

«La compañía XYZ comunica que su director financiero ha dejado la compañía para dedicarse a otras actividades.»

«La compañía XYX anuncia que su director financiero ha trabajado como voluntario para Hábitat para la Humanidad durante dos semanas este pasado verano.»

«El director financiero de la compañía XYZ indica que las expectativas de ganancias del presente trimestre serán un 20 por ciento más bajas.»

Este tipo de titulares puede leerse cuando se revisan regularmente las noticias de las compañías. Algunos de ellos son realmente relevantes y ofrecen mucha información sobre cómo es la empresa; otros, aunque importantes para unos pocos individuos o para las agencias de noticias que los ubicaron allí, ofrecen poca información acerca de la marcha o la salud del negocio.

El hábito que exponemos en este capítulo se centra en ayudarle a reaccionar de forma apropiada —pero no a reaccionar de forma exagerada— a las noticias. Muchos inversores han perdido la cabeza, vendiendo el día de una comunicación con tintes negativos, cuando las instituciones reaccionan de forma casi instintiva (a veces a través de algoritmos informáticos complejos sin que exista ningún tipo de interacción humana) a unas noticias muy malas. De repente, se negocian 100 millones de acciones en un día de una compañía de la que se negociaban habitualmente 5 millones, cuando unos inversores (y ordenadores) arrastrados por el pánico arrojan prácticamente las acciones por la ventana. El precio de la acción puede hundirse un 20, un 30, incluso un 50 por ciento. ¿Es este el momento adecuado para vender? En mi experiencia, no lo es casi nunca, en especial para el inversor a largo plazo que tiene paciencia. Aparte de los casos de fusiones y adquisiciones, rara vez una comunicación de un día ha cambiado totalmente la trayectoria de una empresa.

Usted debería sentirse preocupado cuando salen a la luz malas noticias (o cuando los mercados caen vertiginosamente), pero evite vender el día en que aparecen las noticias; deje que las cosas se calmen. Debería tratar de distinguir siempre entre una mala noticia relativa a un problema a corto plazo pasajero y un cambio crucial en la empresa.

En resumen, respire hondo. Separe las noticias del puro ruido.

Veamos a continuación algunos de los tipos más frecuentes de noticias y cómo hay que reaccionar generalmente ante ellas.

Malas noticias referentes a las ganancias trimestrales

Analice sobre todo qué factor *provocó* el cambio —márgenes de beneficio cada vez menores, aumentos de costes o volúmenes de venta descendientes—. Trate de discernir si estos cambios son problemas pasajeros y aislados o bien son permanentes. ¿Se puede controlar el problema (es decir, ¿es de carácter interno?)? ¿O bien es producto del entorno de la empresa? ¿Afecta solo a la compañía o bien a todas las compañías del sector?

Siempre que sea posible, examine las tendencias. Escuche lo que tenga que decir el equipo directivo al respecto. Como de costumbre, un buen test es pensar en lo que usted haría en caso de que fuera el propietario de la empresa y su equipo directivo se dirigiera a usted con un informe de resultados de este tipo. ¿Cómo reaccionaría? Dese cuenta también que una acción suele subir ligeramente antes de una comunicación, en previsión de lo que es *posible* (aunque no probable). Por tanto, un deterioro de su precio en el mercado podría simplemente ser consecuencia de una anulación de estas presuntas ganancias.

Cambios en las expectativas de ingresos o ganancias

Los cambios en las expectativas de ingresos o ganancias, generalmente para el próximo periodo trimestral o anual, están estrechamente relacionados con las comunicaciones de ganancias. Estas comunicaciones, sobre todo las comunicaciones de las expectativas anuales, ofrecen muchas claves respecto a la salud de la empresa, ya que son de tipo prospectivo y no retrospectivo. Por otra parte, debería explorar los factores que *provocan* el cambio, tanto si son internos como externos a la empresa, y, en suma, si la propia empresa ha cambiado como consecuencia.

Marchas de ejecutivos de la compañía

Este tipo de noticias son un tanto delicadas. Los empleados abandonan las compañías por razones muy variadas y los altos ejecutivos (director general, director financiero, director de marketing, director de operaciones, etc.) no son diferentes. Los ejecutivos pueden marcharse por razones personales o cuando han llegado a un máximo «para dedicarse a otros intereses». No obstante, una marcha de la empresa en uno de estos puestos clave puede interpretarse, por lo menos, como una señal de que algo marcha mal en la compañía, o en el departamento o función que el ejecutivo en cuestión estaba liderando. La marcha de un director de finanzas, por ejemplo, podría ser un indicador de que las finanzas están bajo sospecha, ya sea a causa de la salud financiera de la compañía o por cuestiones relativas al cumplimiento de la normativa.

Por tanto, la mejor forma de actuar es prestando atención a las comunicaciones siguientes y haciendo algunas indagaciones en el área del ejecutivo en cuestión. Si los niveles de deuda, servicio de la deuda, efectos a cobrar y traspasos a pérdidas parecen razonables, entonces lo más probable es que el directivo dejara la compañía por razones estrictamente personales. En cualquier caso, unas noticias de este tipo deberían dar lugar a una vigilancia más estrecha por su parte.

Rumores de fusiones y adquisiciones

Si su compañía es la adquirente, la cotización de la acción puede bajar, ya que los inversores huyen de los costes y complejidades de la adquisición.

En este caso, la clave es entender de verdad cómo incidirá la adquisición en el negocio actual, tanto si la empresa se adquiere para comprar crecimiento como si se adquiere para conseguir sinergias y mejorar el negocio actual. Todo ello merece un estudio más detallado.

Por supuesto, el tema cambia en caso de que su compañía sea la *adquirida*. Tendrá que tomar una decisión —como tendría que tomarla cualquier propietario de una empresa— sobre si tomar el dinero en efectivo o seguir en la nueva empresa.

Comunicaciones de lanzamientos de nuevos productos

Algunas compañías dan más importancia que otras a los anuncios de lanzamiento de nuevos productos. Apple es pionera al respecto, ¿pero qué grado de interés hay en el último chip para ordenadores, en el más reciente sabor de cereales o en la apertura de una nueva tienda en Kankakee, Illinois? Es variable. Los inversores avispados leen estas comunicaciones buscando sobre todo en ellas señales de innovación y liderazgo en mercados emergentes. A propósito, yo no veo con buenos ojos a aquellas compañías encerradas en sí mismas que jamás comunican *nada*. La innovación y el éxito no deberían mantenerse siempre en secreto.

Comunicaciones sobre nuevos clientes

Igualmente, muchas compañías, en especial las compañías tecnológicas, anuncian la conquista de nuevos clientes. Por ejemplo, *«Technologies XYZ anuncia la venta de 2.000 terminales al Departamento de Defensa»*. Al igual que en las comunicaciones de nuevos productos, gran parte de ellas son básicamente actividades de relaciones públicas que no dan mucha información acerca del éxito y la salud real de la empresa.

Anuncios de reestructuración

De vez en cuando, las compañías son noticia en los medios de comunicación por sus anuncios de grandes despidos y reestructuraciones de plantilla.

A veces constituyen una sorpresa y en otras ocasiones están previstos desde hace tiempo y ya han sido descontados en la cotización de la acción. Las preguntas clave que debería hacerse acerca de las reestructuraciones son:

- ¿Indica la reestructuración un cambio fundamental en la empresa o se trata más bien de una *limpieza* de la casa o ajuste, posiblemente relacionado con una adquisición u otro acontecimiento de carácter único?
- ¿Son aparentemente habituales las reestructuraciones «únicas»? ¿Indican una limpieza interna perpetua, reflejan unas tendencias de negocio negativas, sugieren la presencia de unos directivos incompetentes, etc.?

  Una forma de saberlo es observando una comunicación de ganancias pro forma que excluye «gastos extraordinarios» en los informes trimestrales de una compañía. Una excesiva focalización en los informes de ganancias pro forma es indicativo de que la dirección de la compañía pueda estar tratando de que las cosas parezcan mejor de lo que son en realidad.

Como el resto de noticias de esta lista, también en este caso habrá que realizar una investigación adicional

Cambios en las recomendaciones de los analistas

Las agencias de valores publican sus recomendaciones de comprar, vender o mantener para las acciones que cotizan en los mercados bursátiles.

A lo largo de los años he descubierto que los cambios en las recomendaciones de los analistas son poco oportunos y escasamente informativos –algunas compañías son rebajadas a la calificación de «vender» después de haber perdido la mitad de su valor–. También observo que a veces las recomendaciones se hacen con mentalidad de rebaño, es decir, que suelen copiarse entre ellas y *no* ofrecen una perspectiva original. Dicho esto, los mercados siguen estando dominados por los inversores institucionales, los cuales suelen escuchar estas recomendaciones. Lo que yo le recomiendo es que trate de encontrar algún tipo de informe *online* (tal vez a través de su propia agencia de valores o de un portal financiero) que explique el cambio y su base lógica de forma rigurosa. Léalo, vea si cambia su forma de pensar sobre la empresa y actúe en consecuencia.

Adquiera el hábito

- Preste atención a las comunicaciones de la compañía. No las pase por alto.

- Reaccione ahondando más en el tema.

- Piense como si fuera el propietario de la compañía.

- No reaccione de forma exagerada con un reflejo de compra o de venta poco meditado.

Hábito 22

Retribúyase a sí mismo

Me gusta que me paguen. ¿A usted no?

Esto nos lleva a la razón real, a la razón esencial de por qué se invierte. Usted quiere obtener un rendimiento. ¿Y cuál es el auténtico valor de ser propietario de una empresa? Si ha leído el libro por orden, recordará que en el *Hábito 18. Compre con un margen de seguridad* se decía que el valor de una empresa está formado por la suma de toda la liquidez o dinero en efectivo que usted recibirá a corto y a largo plazo. Para la mayoría de compañías, esto se refiere a las ganancias generadas por dicha compañía y pagadas a usted en forma de retiradas de efectivo del propietario para uso personal (pequeñas empresas) o dividendos (procedentes de las acciones de una gran empresa cotizada en bolsa) y el valor que se recibirá de la venta final de la empresa o de sus acciones.

Por tanto, usted puede elegir el tipo de inversión. Adquirir una que pague más dinero en efectivo ahora y en el futuro a corto plazo, o bien otra que retenga todas sus ganancias, no pague dividendos y le retribuya en efectivo cuando usted venda. Las ganancias –por lo menos en teoría– habrán hecho aumentar el valor de la empresa cuando usted venda.

Parece que se trata de una elección fácil porque en realidad no hay diferencia entre ambas en una consideración a largo plazo. Usted recibe el pago ahora o más adelante. Pero hay un pequeño inconveniente que debe tener en cuenta. Si espera para recibir la recompensa «más adelante», ¿qué garantía tiene de que vaya a ocurrir? Ninguna. ¿Y respecto a la suma que espera obtener? Ninguna. Cuanto más tiempo tenga que esperar para recibir la recompensa final en efectivo, más obstáculos se pueden interponer en el camino.

Como dice el viejo refrán, más vale pájaro en mano que ciento volando. De la misma forma, tal vez merezca más la pena un euro en efectivo ahora que dos volando a reivindicar dentro de veinte años.

Como inversor prudente, creo que debería procurarse por lo menos unos cuantos euros en mano. Debería tratar de conseguir ahora y en el corto plazo parte de su rendimiento en efectivo para asegurarse así parte de la recompensa. Además, tendrá dinero para gastar o para reinvertir.

En este sentido, yo prefiero las compañías que pagan por lo menos *algunos* dividendos. Para mí, esto es representativo de la actitud de la dirección de la compañía a compartir con usted parte de su riqueza ahora y a pagarle actualmente parte del rendimiento por el uso que ha hecho de su capital ganado con esfuerzo. Puede seleccionar unas pocas compañías, como Google, Apple (hasta 2012) o Inditex, por ejemplo; y otras que crea que pueden reinvertir las ganancias mejor de lo que usted lo haría, pero por regla general suelo ser muy cuidadoso con este tipo de compañías; usted también debería serlo. La percepción puede no coincidir con la realidad.

El *Hábito 22. Retribúyase a sí mismo* trata de cómo sacar algo de liquidez de sus inversiones en el momento presente. El mejor modo y el más sencillo de conseguirlo es a través de los dividendos. No obstante, a continuación voy a describir un par de técnicas a tener en cuenta: jugadas rotativas a corto plazo y la venta de opciones *call* cubiertas.

Asígnese una paga

Lo repito una vez más, me gustan las acciones que reparten dividendos. Hay docenas de compañías sólidas cotizadas en bolsa que no solo pagan una renta razonable, sino que también tienen unas perspectivas de crecimiento razonables y tienen el tamaño y la fuerza suficientes para ser consideradas seguras. A lo largo del tiempo, el dividendo debería aumentar y la cotización también.

En la actualidad, una rentabilidad por dividendo que oscile entre el 2 y el 4 por ciento está muy bien. Los Bonos del Tesoro están rentando menos del 2 por ciento y, si selecciona una compañía como Johnson & Johnson u otra similar, esta rentabilidad es probablemente *casi* tan segura. Digo *casi* porque cualquier compañía puede dejar de repartir dividendos en cualquier momento y por cualquier razón, mientras que los pagos de intereses de la Deuda Pública están prácticamente garantizados. No obstante, se obtiene una rentabilidad más elevada con la acción, casi el doble, y además existen perspectivas de crecimiento del precio de la acción. En cambio, con un bono las perspectivas de crecimiento son nulas y, si no desea conservar el bono hasta el vencimiento, este también puede disminuir su valor si los tipos de interés suben. Además, por lo menos hasta ahora, y a diferencia de los bonos, los dividendos tienen un tratamiento fiscal preferente.

Por tanto, entre la rentabilidad más alta, el crecimiento de los dividendos, el crecimiento de la cotización de la acción, un tratamiento fiscal favorable y la oportunidad de participar en el crecimiento de la economía frente a una rentabilidad menor y la ausencia de perspectivas de crecimiento, ¿qué preferiría tener usted?

Ahora bien, como ya he dicho, las empresas que reparten los dividendos no los garantizan en absoluto. En 2007 los bancos estaban ganando dinero a manos llenas y los dividendos que distribuían entre los accionistas eran atractivos. Parecían tener todos los atributos que buscan los inversores: flujo de caja, crecimiento y seguridad. Todos conocemos el resto de la historia. Los dividendos se recortaron, hasta cero en muchos casos, y actualmente los bancos deben buscar la autorización legal para elevar dichos dividendos; muy pocos han vuelto a los niveles de 2007. Este ha sido un ejemplo bastante extremo, pero sirve para respaldar el concepto de *caveat emptor* (la responsabilidad de una compra —en nuestro caso, una inversión— recae en el comprador, quien deberá tomar las medidas oportunas para asegurarse previamente de la calidad de lo adquirido descartando posibles reclamaciones futuras al vendedor).

Teniendo todo esto en cuenta, veamos en la siguiente figura veinte acciones que en 2013 deberían ofrecer unas perspectivas sólidas, considerando un futuro realista y que se resistiera a la tentación de poner todos los huevos en el mismo cesto.

Compañía	Símbolo	Dividendo (dólares)	Rentabilidad (%)	Aumentos de dividendos en los últimos 10 años
Suburban ropone	SPH	3,41	7,8%	10
Total S.A.	TOT	2,61	6,2%	5
AT&T	T	1,76	5,7%	9
Cincinnati Financial	CINF	1,61	5,7%	10
Verizon	VZ	2,00	5,5%	6
Otter Tail Corporation	OTTR	1,19	5,4%	5
Duke Energy	DUK	1,00	4,8%	6
Southern Company	SO	1,96	4,3%	10
PayChex	PAYX	1,28	4,2%	8
Waste Management	WM	1,42	4,2%	8
Dominion Energy	D	2,11	4,1%	8
Kimberly.Ciark	KMB	2,96	4,0%	10
Johnson & Johnson	JNJ	2,44	3,8%	10
NextEra Energy	NEE	2,40	3,8%	10
ConocoPhillips	COP	2,64	3,7%	10
Heinz	HNZ	1,92	3,6%	8
Molex	MOLX	0,80	3,6%	10
Nucor Corp.	NUE	1,46	3,6%	8
Sysco	SYY	1,08	3,6%	10
Campbell's Soup	CPB	1,16	3,5%	9

Figura 22.1. Las estrellas de la rentabilidad. Las 20 primeras acciones en pagos de dividendos (de The 100 Best Stocks to Buy in 2013)

Esta lista le ofrece veinte formas de retribuirse a sí mismo y de disfrutar de algunas ganancias en el futuro. Otra forma de hacerlo es analizando las acciones de alto rendimiento que forman parte de los fondos de inversión cotizados en bolsa, como el iShares Dow Jones Select Dividend Index Fund (símbolo: DVY).

Otórguese un aumento

A todos nos gusta disfrutar de una paga regular. Pero todavía sería mejor que dicha paga viniera acompañada de un aumento de vez en cuando. ¿Tal vez un aumento regular?

Esta idea tiene mucha fuerza. Si usted compra las acciones de una compañía que paga hoy el 3 por ciento, por ejemplo, y aumenta su dividendo en un 10 por ciento cada año, ¿adivina qué ocurrirá? Pues que dicha suma se doblará en el plazo de siete años. (Para el cálculo matemático, vea la «regla del 72» en el *Hábito 2. Conozca y utilice las matemáticas básicas de la inversión.*) Así pues, en siete años estará ganando el 6 por ciento sobre su inversión original. No está mal, ¿verdad? Aún mejor es esto: si el entorno de los tipos de interés dentro de siete años indica que el 3 por ciento sigue siendo una rentabilidad bastante buena, y su empresa aún funciona a plena potencia, el precio de la acción subirá –lo suficiente para que la rentabilidad retroceda de nuevo al 3 por ciento desde el 6 por ciento–. Eso implica –lo ha adivinado– que la cotización de la acción se doblará. Por tanto, un 6 por ciento más una acción que ha doblado su cotización... está bastante bien, ¿no es cierto?

Siempre he buscado algo que no se comunica como dato estadístico en ningún portal financiero hasta ahora: la regularidad y persistencia de los *aumentos* de dividendos. ¿Cuántas veces en los últimos diez años ha aumentado la compañía la suma destinada a dividendos? Algunas compañías proclaman con orgullo que ellas han aumentado sus dividendos cada año durante los últimos cuarenta y seis años, por ejemplo. Sin embargo, este dato no aparece en ninguna parte, excepto en el informe anual o en el sitio web de la propia compañía.

Por medio de *Value Line Investment Survey*, que muestra quince años de la historia del pago de dividendos, he hecho recuento del número de *aumentos* de dividendos de mis *100 mejores acciones*. Los resultados se muestran en la última columna de la derecha de la figura 22.1.

Oportunidad, frecuencia, valor económico

El número de aumentos de dividendos no es necesariamente indicativo de la importancia de dichos aumentos. Las compañías pueden aumentar sus dividendos de 60 centavos a 61 centavos por acción y atribuirse el mérito de un «aumento». Eso es correcto, pero no significa gran cosa en la cuenta corriente bancaria. Por tanto, he recopilado una lista de acciones (*The 100 Best Stocks to Buy in 2013*) que no solo presentan un historial de aumentos regulares, sino también un historial de aumentos sustanciales y, a veces, una política u objetivo declarado con respecto a repartir unos dividendos crecientes.

Desde mi punto de vista, estas compañías y sus equipos directivos están actuando realmente en interés de sus accionistas.

No sé si realmente esto tendría que ser un *hábito*. Pero, de todos modos, ahí va, si usted asume el riesgo y tiene el tiempo necesario para dedicarse a ello.

Las cotizaciones de las acciones suben y bajan. A veces hay una buena razón para ello; a veces suben y bajan de acuerdo con el movimiento del mercado general. A veces, como ya hemos comentado en el último hábito (*Hábito 21. Reaccione a las noticias, pero no de forma exagerada*), las acciones se ven afectadas negativamente por un gran movimiento promovido institucionalmente después de unas malas noticias a corto plazo.

Usted puede ganar algún dinero en estas situaciones, a través de lo que se conoce como *swing trading*.* Los operadores que aplican esta técnica detectan oportunidades y reacciones exageradas a corto plazo y entrarán y saldrán del mercado durante unos pocos días o unas pocas semanas para tratar de aprovecharse de ellas.

Ya sé que esto suena a *market timing*,** y lo es hasta cierto punto. Como muchos estudios nos explican, los mercados no se pueden programar. Nadie puede hacerlo realmente. Eso es cierto, en general, pero ¿cómo va a influir la quiebra de un banco español a una compañía como CalMax que solo vende coches de segunda mano en Estados Unidos? Cuando Cal-Max se ve afectada por un descenso de un dólar y medio en su cotización cuando el Dow Jones ha perdido 200 puntos a causa de una turbulencia en Europa, ¿se podría defender la compra de acciones de CalMax? Con algún riesgo, sin duda, pero probablemente sí.

En el *Hábito 5. Segmente su cartera de valores*, señalaba tres clases de inversiones: (1) inversiones *básicas* que no cambian mucho y ofrecen rendimientos regulares, (2) inversiones *rotatorias*, en las que se puede entrar y salir en función de tendencias más generales, como un mercado energético fuerte o un sector financiero débil, y (3) inversiones *oportunistas* que aprovechan oportunidades a corto plazo con el objetivo de mejorar el rendimiento total de la cartera de valores. No se trata de cuentas específicas, sino más bien de segmentos específicos de forma de pensar y comportarse con respecto a la cartera de valores.

---

* *Swing trading:* técnica de inversión que utiliza los gráficos que la cotización de las acciones dibuja sesión a sesión para detectar las tendencias, ya sean alcistas o bajistas, aprovechándolas para ganar dinero, tanto cuando el mercado sube como cuando desciende.
** *Market timing:* estrategia que trata de sincronizar las compras y las ventas con los periodos más productivos de las tendencias de los mercados

Si usted tiene una perspectiva de valor, es decir, una orientación sobre el valor a largo plazo de las empresas en las que invierte, será más fácil que detecte estas oportunidades. ¿Es lógico, por ejemplo, que un gigante del petróleo como Total S.A. disminuya su cotización en un 33% a causa de la ralentización de la economía europea y unos precios de la energía a la baja, a la vez que está pagando unos dividendos del 6 por ciento? Tal vez sí, pero probablemente no.

No existe una fórmula contrastada para actuar de este modo, o de lo contrario todo el mundo lo haría y estas oportunidades dejarían de existir. Por otra parte, no estoy recomendando que se haga *swing trading* de forma permanente. Sin embargo, no perjudica mantenerse activo de vez en cuando –una vez más, *si* dispone de tiempo, *si* le gusta correr este riesgo y *si* está jugándose un dinero que puede permitirse perder si las cosas no salen bien–. La disciplina es la clave. La disposición a reconocer que usted se ha equivocado y a asumir una pérdida de vez en cuando también es esencial.

Estrategia *buy-write* o venta de opciones *call* cubiertas (*covered calls*)

En el *Hábito 19. Cuando decida comprar, hágalo de forma inteligente*, introduje la idea de las opciones. Las opciones son títulos derivados (escalofriante, sí, pero no se asuste) que le permiten convertir el tiempo y las oportunidades en dinero. Cuando se tiene una cartera de inversiones a largo plazo, se dispone de un montón de oportunidades, así que ¿por qué no transformarlas en una cierta suma de dinero en efectivo en el banco?

La estrategia que exponemos aquí consiste en utilizar las opciones de la forma más sencilla, directa y libre de riesgos: la estrategia denominada *buy-write* o venta de opciones *call* cubiertas. Usted compra (o ya tiene) algunas acciones y vende opciones sobre las acciones, para cobrar una *prima*, es decir, dinero en efectivo. Usted puede aplicar esta estrategia una y otra vez, cobrando dinero una y otra vez, siempre y cuando las opciones no suban por encima del *precio de ejercicio* de la opción, lo cual dispararía la venta de las acciones.

A continuación, repetiré la breve explicación básica acerca de las opciones que ya expuse en el *Hábito 19*:

> *Las opciones son valores que se negocian en el mercado y que permiten a un inversor (u operador) comprar o vender el derecho a comprar o vender un valor*

a un precio fijo determinado (precio de ejercicio de la opción) *en una fecha predeterminada futura* (fecha de vencimiento). *Ese derecho vale dinero y, por tanto, se compra y se vende como un título o valor independiente. El coste o precio de dicho contrato de opción se conoce como prima. El comprador de un contrato de opción paga la prima, el vendedor la cobra.*

Existen dos tipos de opciones. La opción consistente en comprar un valor a un precio de ejercicio de la misma en una fecha de vencimiento determinada se llama call; *la opción consistente en vender un valor a un precio de ejercicio en una fecha de vencimiento determinada se llama* put. *Un inversor que quisiera apostar a que una acción subirá compraría una opción* call, *porque dicha opción aumentaría de valor a medida que la cotización de la acción se acercara y, sobre todo, superara, el precio de ejercicio de la opción. Un inversor que quisiera apostar a que una acción bajará compraría una opción* put, *que le daría el derecho a vender la acción a un precio fijado, lo cual sería beneficioso si la acción caía por debajo de dicho precio fijado.*

Así pues, un inversor «alcista» de Intel (precio actual, 27,50 dólares) podría comprar opciones call *a 28 dólares con fecha de vencimiento en septiembre (mes actual, mayo) y pagar, por ejemplo, 1 dólar por ellas. Si en la fecha de vencimiento de septiembre, la acción sigue cotizando a 27,50 dólares, las opciones* call *no tendrán ningún valor. Sin embargo, en mayo sí tienen valor, porque quién sabe si la acción podría subir hasta los 32 dólares en septiembre. Inversores y operadores pagan la prima para tener esta posibilidad. El vendedor de la opción* call, *que presumiblemente es el propietario de las acciones de Intel, quiere ganar la prima de 1 dólar y espera que la acción cierre a 27,99 dólares y así podrá conservar las acciones.*

Llegados a este punto expuse un modo más complejo de ganar dinero vendiendo opciones *put* para cobrar dinero en efectivo, fijando un precio concreto para la adquisición las acciones, el cual era apropiado de acuerdo con el análisis previo realizado.

A continuación, volveré a la hipótesis más básica y comprensible de la venta de opciones *call* cubiertas. Supongamos que usted es la persona que vende estas opciones *call* de Intel. Usted cobrará un dólar hoy y renunciará a la *posible*, aunque no probable, oportunidad de que el precio de la acción aumente hasta los 32 dólares. Usted está negociando la oportunidad del pájaro en mano representado por 1 dólar en efectivo, dispuesto a renunciar a la «oportunidad» de los 32 dólares. Debería decirse que usted retiene todavía el riesgo de que la cotización de la acción baje.

Por tanto, usted vendería las opciones *call*, cobraría la prima y esperaría que la acción cerrase justo por debajo del precio de ejercicio de la opción en la fecha de vencimiento. Usted puede repetir esta estrategia una y otra vez, seleccionando cada vez un nuevo precio de ejercicio de la opción. En general, se puede hacer para intervalos de tiempo de un mes, aunque algunas acciones tienen actualmente contratos de opciones semanales. También puede escoger plazos de tiempo más largos, por ejemplo tres meses, y cobrar primas más altas, aunque a riesgo de perderse ganancias mayores.

Puede obtener más información sobre esta estrategia en diversas fuentes, entre ellas su propia agencia de valores. La página *How to sell covered calls* de Fidelity (*www.fidelity.com/viewpoints/how-to-sell-covered-calls*) es un buen ejemplo.

Al igual que con muchas estrategias de inversión más complejas, merece la pena practicar –puede «operar sobre el papel» (transacciones hipotéticas en lugar de transacciones reales)– hasta que se sienta más cómodo con el análisis y la mecánica de la operativa.

Adquiera el hábito

- Busque acciones sólidas que paguen dividendos.

- Busque compañías que muestren un historial de *aumentos* regulares de dividendos.

- Si usted es un inversor más activo, aproveche las oportunidades del *swing trading* cuando se presenten.

- Aprenda a vender opciones *call* cubiertas para generar o aumentar los ingresos actuales.

Hábito 23

No se case con sus inversiones

«Todas las bodas son felices. Es la convivencia posterior la que origina todos los problemas.»

Por lo menos esa es la forma en que el dramaturgo canadiense Richard Hull las contempla. Aunque probablemente no se dijo con esta intención, es probable que haya algo de cierto en esta afirmación con respecto al comportamiento de todos los inversores.

Usted le da vueltas y vueltas a la compra de acciones de una compañía. Al final se decide. Vigila las cotizaciones y escoge un punto de entrada en el que el precio es razonable. Ha comprado las acciones y ahora es su propietario.

Es posible que haya estado absolutamente seguro de la compra. O puede haber tomado la decisión con una cierta inquietud. ¿Ha evaluado todos los aspectos? ¿Es esta empresa un buen negocio? ¿Un buen negocio del que solo ha podido ver pequeños fragmentos, a través de las cifras, en la calle, en la web, en unas cuantas experiencias, etc.? ¿Ha comprado en el momento apropiado ¿Al precio adecuado?

Sí, ciertamente, es un poco como casarse, por lo menos al principio. Es posible que esté tan emocionado que no advierta las señales de que su pareja tal vez no sea la persona adecuada. O bien podría estar un poco receloso al principio, pero dispuesto a comprometerse todo lo que haga falta para que el matrimonio funcione.

En cualquier caso, usted ha tomado una decisión importante. ¿Y ahora qué?

A diferencia del matrimonio, que conlleva un compromiso de «hasta que la muerte os separe», la decisión de adquirir unas acciones no es un matrimonio. Puede parecerlo al principio, pero no lo es. No existe un compromiso a largo plazo con la acción. Si las cosas no salen como usted esperaba, sencillamente puede deshacerse de las acciones.

Aleluya. Invertir en acciones es más fácil que casarse. ¿Pero es realmente tan fácil para la mayoría de nosotros separarse de una acción?

Por nuestra naturaleza humana y espíritu competitivo, todos estamos programados para querer ganar, para superar los pronósticos desfavorables y para aparecer como personas inteligentes en el próximo acontecimiento social. Odiamos perder, y odiamos que cualquier tipo de relación se deteriore. ¿Y qué hacemos? Compramos acciones. Más adelante, cuando las cosas no empiezan a marchar bien, esperamos. Esperamos que mejoren. «Seguro que yo tenía razón y el mercado es el que estaba equivocado, ¿no cree?» Esa es una frase que se escucha —o que se piensa— una y otra vez en los círculos de inversores.

Al igual que en los matrimonios que no van bien, solemos aguantar esperando que las cosas se arreglen. Esperando que tuviéramos razón al principio y que lo que ha ocurrido recientemente sea tan solo una anomalía. Esperanza más allá de la esperanza. Esto es así porque *queremos* que suceda, y probablemente sucedió en un momento u otro de nuestro pasado como inversores.

Sin embargo, aquellos de ustedes que han sufrido la experiencia de una relación que se hunde saben que no es probable que se recupere de forma transitoria o permanente. Y eso sucede con los matrimonios, donde la intervención humana puede hacer algo al respecto. Pero, ¿qué pasa con las acciones donde no se puede hacer nada? No se puede alterar el curso de los acontecimientos. Sin embargo, usted sigue emocionalmente absorto en el precio y en la marcha de la acción y esta no es una actitud deseable.

Así pues, el *Hábito 23. No se case con sus inversiones*, en realidad trata de que no cree un hábito. Evite el hábito de casarse con sus inversiones. ¿Qué queremos decir con esto? Significa que usted debería siempre comprar, mantener y vender de un modo racional y no emocional. Se trata de una relación de negocios, no de una relación emocional. Se trata de ganar pero no a costa de perder. En primer lugar se trata de no encapricharse en exceso. Se trata de no apegarse emocionalmente. Y se trata de no enfadarse.

Sea impersonal

El matrimonio implica un compromiso personal y de amor entre dos personas. Supone un esfuerzo de dar y recibir para poder gozar de la felicidad a largo plazo; una felicidad que es mayor que la que conseguirían las dos personas si vivieran separadas. Uno más uno es igual a tres, pero hace falta trabajo y esfuerzo para llegar hasta el tres.

Este no es en absoluto el caso con las inversiones. Usted pondrá de su parte un cierto esfuerzo para decidir la compra de las acciones de una empresa y pondrá también de su parte un cierto esfuerzo, tal como se ha descrito en otros hábitos, mientras sea *propietario* de las mismas.

No obstante, no es un compromiso emocional, en absoluto. Nadie ni nada dice –ni contractual, ni tradicional, ni ético, ni de educación, ni siquiera de sentido común– que usted tiene que ser propietario de unas acciones para siempre, ni siquiera hasta que termine el día siguiente (a menos que sea fin de semana y los mercados estén cerrados).

Usted puede pulsar el botón de la desconexión en el momento que estime oportuno y por cualquier motivo. Pulse el botón de vender cuando cambie de opinión acerca de la acción, cuando encuentre algo mejor o simplemente cuando desee tener un comportamiento más conservador durante un cierto periodo de tiempo. Desde luego no va a encontrarse con las miradas asesinas de su madre o de su suegra.

No permita que su ego ni otro tipo de adhesión emocional se interponga en su decisión. Compre cuando sea lógico comprar. Venda cuando llegue el momento de vender. Actúe de forma racional: «no mire a otro lado» con el objetivo de proteger la relación porque la relación ya no existe.

Hay muchas otras alternativas

A diferencia de lo que ocurre en un matrimonio, si tropieza con alguien más adorable mientras está almorzando, vaya a por él/ella. Es decir, siempre y cuando esté seguro de que es más adorable.

En realidad, no defiendo que se entre y se salga de las inversiones solo porque otra persona le está guiñando el ojo. Si usted ha hecho correctamente los deberes, es probable que lo que usted tiene sea suficientemente bueno hasta que se demuestre claramente lo contrario. Y este guiño tal vez no sea un gesto en serio; quizás tan solo sea más vistoso que real. Y tendrá que pagar un poco –probablemente los 10 euros de comisión de intermediación, dos veces (una compra, una venta)– por hacer el cambio. Si su análisis inicial de la inversión estuvo hecho a conciencia, es probable que esta merezca la pena y haga falta algo más que un guiño para que pulse el botón.

Dicho esto, lo cierto es que hay miles de posibilidades de inversión y si usted se encuentra un poco a disgusto con la que tiene por la razón que sea debería buscar un cambio. Puede cambiar completamente de sector o incluso pasar de las acciones a los fondos de inversión o a los bonos. O simplemente puede cambiar de empresa dentro del mismo sector, si cree que las perspectivas de la nueva compañía son un poco mejores, el precio de la acción es un poco más bajo o el dividendo es un poco mejor.

Un cierto compromiso con sus inversiones suele ser positivo, ya que motiva una evaluación más a fondo tanto de la posible venta como de la inversión original, Pero un exceso de fidelidad puede traer problemas.

No siga invirtiendo después de una mala inversión

La necesidad y el deseo de ganar nos pueden llevar a situaciones muy extrañas. «La semana pasada invertí 5.000 euros en la compañía XYZ a 50 euros la acción y ahora la cotización ha bajado a 40 euros. Es el momento de comprar más acciones, ¿no es así?»

Bien, podría serlo, pero si es así debería considerar la compra como una decisión totalmente nueva y no como algo que está fundamentado como apoyo en la decisión de inversión original. Los inversores llegan a estar tan absortos en obtener ganancias de su inversión original que insisten en que su apuesta es segura. Es una manifestación de lo que los psicólogos denominan «disonancia cognitiva» –una separación de la realidad con el propósito de conseguir que dos ideas o pensamientos contradictorios estén en armonía–. En este caso, estos pensamientos son «las acciones que compré estaban bien escogidas» y «cayeron un 20 por ciento esta última semana». La caída del 20 por ciento debe de ser un error y optamos por no hacerle caso, ya que la selección de la acción sigue siendo correcta. En esencia, se trata de mirar a otro lado con relación a la segunda idea.

Como inversor, usted es un hombre o una mujer de negocios. Usted actúa de un modo racional y no emocional. Como tal, en cualquier momento que perciba el acercamiento de esta «disonancia cognitiva» debería hacer algo al respecto.

Muéstrese dispuesto a aceptar el fracaso

Tal vez no haya otro consejo más importante para un inversor que el que le voy a dar ahora: no va a ganar siempre; a nadie le ocurre y, por tanto, cuanto antes acepte el fracaso y pase página, mejor. Esta afirmación es totalmente cierta para las inversiones y probablemente lo es también para los matrimonios, al menos para los que funcionan mal.

Lo cual tiene que ver con...

No se enfade (ni se desquite)

Por otra parte, los inversores se apegan emocionalmente a sus inversiones y, cuando alguien está apegado emocionalmente a algo y las cosas no marchan como desea, suele enojarse: «Ese estúpido mercado...» Y luego se *desquita* doblando su apuesta en una acción que ahora está más barata.

Aun a riesgo de parecer un tanto sexista, reconozco que esta es una tendencia más bien masculina. No estoy seguro de si se ha estudiado −aunque probablemente sí−, pero es mi experiencia personal. Los hombres quieren ganar con más intensidad que las mujeres; las mujeres suelen ser más insensibles en este aspecto. Recortan sus pérdidas y pasan a otra cosa. Parece que se toman con más calma los ataques a su ego. Eso es positivo y sé que algunos estudios han indicado que las mujeres que están dispuestas a asumir riesgos obtienen una mejor evolución de sus inversiones. Tal vez sea porque no se enojan cuando pierden.

En cualquier caso, no se vincule emocionalmente a sus inversiones, no se enoje y no trate de desquitarse. No tendría éxito.

Adquiera el hábito

- No se apegue emocionalmente a sus inversiones.
- No se apegue emocionalmente a sus inversiones.
- No se apegue emocionalmente a sus inversiones.

Hábito 24

Venda cuando haya algo mejor que comprar

Es difícil determinar cuál es el momento apropiado para comprar una acción. Aún es más difícil calcular cuándo hay que venderla. Tal como expuse en el hábito 23, las personas suelen *casarse* con sus decisiones de inversión, percibiendo de algún modo que si las cosas no marchan según lo previsto tal vez el paso del tiempo ayudará y las cosas mejorarán. O son personas demasiado arrogantes para reconocer que cometieron un error. Hay miles de razones por las que la gente se aferra a sus inversiones durante demasiado tiempo.

Voy a hacer frente a esta idea con una expresión del saber popular: *la esperanza no es una estrategia.*

Entonces, ¿cuándo hay que vender? ¿Hay siempre un momento «apropiado»? Si una acción muestra una tendencia a la baja, ¿hay un tiempo prefijado o unas pérdidas expresadas en porcentaje a partir de las cuales debería detenerlas? Cuando una acción muestra una tendencia al alza, ¿en qué momento debería salir y recoger las ganancias?

Lo que sigue a continuación es la verdad fundamental: comprar y vender deberían ser unos procesos muy parecidos. Examinemos primero el tema desde la perspectiva de la venta. ¿Cuándo debería vender? Sencillamente, *cuando haya alguna cosa mejor que comprar*. Algo mejor en cuanto a futuros rendimientos, algo mejor en cuanto a seguridad, algo mejor en cuanto a oportunidad o sincronización con las tendencias generales del mercado o algo mejor por la razón que sea. Ese «algo mejor» puede ser otra acción, un contrato de futuros o incluso una vivienda o una mejora de la misma si resulta que este es el mejor modo de colocar su dinero. También puede ser dinero en efectivo. ¿Vender esta acción cuando... cuando ocurra qué? Cuando la liquidez sea una inversión mejor. O cuando usted necesite el dinero, que es otra manera de decir que el dinero en efectivo es una inversión mejor.

Una decisión de venta, como todas las decisiones de inversión, tiene que ver a la postre con la mejor utilización de su capital. Si la compañía XYZ ya no es el mejor lugar donde colocar su capital ganado con esfuerzo, ¿por qué seguir aferrándose a la misma? La decisión puede irse desencadenando a través de un lento y prolongado cambio de acontecimientos o bien por el ambiente de negocio que se respira alrededor de la compañía. O también puede dispararse repentinamente por una noticia, aunque ya advertía en el hábito 21 que una noticia aislada no suele cambiar demasiado las perspectivas a largo plazo de una empresa.

Las decisiones de venta, al igual que las decisiones de compra, se basan en que se hagan bien los deberes. Se basan en la utilización de un enfoque racional para tomar una decisión racional. Si esto se hace correctamente, ninguna decisión de venta se tomará demasiado pronto ni tampoco demasiado tarde. Por supuesto, usted no lo sabe todo y, por tanto, no es seguro que siempre sea capaz de vender a máximos históricos de la cotización de la acción. Pero si sigue esta disciplina, es casi seguro de que a la larga saldrá ganando.

Después de una observación más a fondo puede parecer que se explica por sí mismo pero, aun a riesgo de repetirme, determinar el momento apropiado para vender es muy sencillo: venda cuando haya algo mejor que comprar.

Hasta la liquidez puede ser algo mejor que comprar

Cuando usted piensa en cómo utilizar la recomendación de «vender cuando haya algo mejor que comprar», suele pensar en cambiar una acción por otra. Piensa en vender las acciones de la compañía XYZ para comprar las de la compañía ABC, un competidor más fuerte o bien una compañía perteneciente a un sector más prometedor.

Esto no es incorrecto, pero tampoco es toda la historia. Yo lo aconsejaba en la parte inicial de este capítulo pero voy a poner énfasis en ello de nuevo. El dinero en efectivo es una opción válida a tener en cuenta como alternativa de inversión. Como inversión, la liquidez se presenta de varias formas: depósitos bancarios, fondos de inversión en activos monetarios, etc. Usted debería familiarizarse con estas alternativas y sus rentabilidades presentes.

Lo verdaderamente importante es que el dinero en efectivo representa capital y, en ocasiones, es mucho más apropiado dejar dicho capital fuera del terreno de juego para esperar una mejor oportunidad, para capear un temporal o para flexibilizar y fortalecer su situación financiera personal. Cualquiera de las citadas es buena razón. Si el dinero en efectivo es una ubicación mejor para su capital que la compañía XYZ, pulse el botón de venta.

No dude a causa de los impuestos

Ocurre continuamente. Los inversores más listos descubren los mejores movimientos de venta, luego se preparan y finalmente fallan el golpe cuando acceden a la pantalla de compraventa de acciones del sitio web de su agencia de valores. No ejecutan la venta. ¿Por qué? Porque les molesta tener que pagar impuestos sobre las ganancias.

En mi experiencia, excepto en unas pocas decisiones de venta esta actitud puede traerle problemas. Usted no ejecuta una venta que, por lo demás, tenía sentido y luego las cosas empeoran. En ciertas ocasiones, por ejemplo en un año en que ha disfrutado de unos importantes ingresos imprevistos procedentes de otra fuente, podría ser lógico diferir la venta de la acción en cuestión durante un breve plazo y ubicarla efectivamente en un nuevo año fiscal. No obstante, esta decisión debería tomarla de forma consciente junto a su asesor fiscal si es necesario, y debería ser la excepción y no la regla.

Vender con límites de precio, ¿una buena idea?

Muchos corredores de bolsa y asesores recomiendan la utilización de órdenes a un precio fijado o con límites de precio, para promover unas ventas más disciplinadas, en especial cuando no se dispone de tiempo para observar la evolución de una acción durante el día o durante un periodo de tiempo determinado.

Una orden con límite de precio es una orden de compra o de venta de una acción a un precio predeterminado, que está en vigor durante un periodo de tiempo a determinar. Las alternativas de tiempo suelen ser «solo para el día de hoy», lo que quiere decir que la orden estará en vigor durante la jornada hábil en que se efectúa la orden, o bien «válida hasta que se anule», lo que quiere decir que la orden sigue siendo válida hasta que se anule o bien se ejecute.

Las órdenes de venta con límite de precio se suelen dar para obtener una ganancia en una cotización al alza si el precio de la acción llega a dicho nivel. Supongamos que usted tiene acciones de Intel y el precio actual es de 26,75 dólares. Usted podría poner una orden de venta con límite de precio de 27 dólares, válida solo para el día de hoy. Se va al trabajo y mientras se coloca una «oferta» en el mercado al precio fijo de 27 dólares, lo que quiere decir que usted está ofreciendo sus acciones a cualquier comprador interesado a dicho precio. Si el precio llega a 27 dólares, sus acciones se venderán, suponiendo que haya suficientes compradores en el mercado para absorber todas las acciones ofertadas a dicho precio. (Advierta la posible astucia de poner su límite de precio a 26,99 dólares, para poder vender sus acciones antes de coincidir con el número probablemente mayor de ofertas al precio de 27 euros.)

Los asesores le aconsejarán tal vez que ponga un límite de precio que sea un 10 por ciento más alto que la cotización actual de la acción. En el caso que nos ocupa se trataría de una orden de venta a 30,50 dólares, aproximadamente, válida hasta que se decida anularla. Se trata de un precio objetivo. Si la acción sube un 10 por ciento, usted cobrará este 10 por ciento de ganancia, de una forma más o menos automática. Eso es positivo para la disciplina inversora y también lo es para garantizarle una ganancia real en dinero en efectivo sobre su inversión.

Pero la pregunta que debe formularse —y que suelen omitir los asesores que ofrecen esta recomendación— es, a un precio de 30,50 dólares, ¿sigue siendo Intel la mejor opción para utilizar mi capital? ¿Es la mejor inversión? ¿Hay algo mejor que comprar?

Si la respuesta es afirmativa, siga adelante y ponga la orden con límite de precio. Si es negativa, entonces no se deje seducir por la venta y no la lleve a cabo.

Una estrategia mucho más frecuente que recomiendan los asesores de inversiones y los corredores de bolsa es la denominada *stop-loss order* (orden de venta a ejecutar por debajo de un precio especificado u orden de venta con limitación de pérdidas), que es similar a una orden con límite de precio, excepto que en lugar de ser una oferta en el mercado a un precio fijo real se mantiene en segundo plano y solo se convierte en una orden activa cuando es desencadenada por un determinado precio. Eso significa que cuando el mercado llega a dicho precio se lanzará al mercado una orden activa y se producirá la venta a un precio igual o inferior.

Así pues, usted compra 100 acciones de Intel a 27,75 dólares y decide que si la cotización baja un 10 por ciento (la recomendación general de los asesores y de una gran parte de los medios de comunicación) usted quiere frenar las pérdidas y vender. Por tanto, usted da una orden de venta con limitación de pérdidas a 25 dólares que será válida hasta que se anule. ¿Qué ocurre? Nada en absoluto, hasta que la cotización desciende a los 25 dólares. Cuando cualquier transacción se ejecuta a 25 dólares o menos, su orden se convierte en un orden de mercado activa. Por tanto, si Intel comunica malas noticias sobre sus ganancias y abre el día a 24 dólares, ¿obtendrá usted 25 dólares por acción? No, usted conseguirá 24 dólares por acción o cualquier otro precio al que cotice su acción en el momento en que su orden se convierta en activa.

Las órdenes de venta con limitación de pérdidas están concebidas como una «red de seguridad» y para garantizar que usted no se verá arrastrado por una acción que cae en picado. Por otra parte, para asegurar la disciplina, no siempre es una mala idea, en especial si usted está demasiado ocupado con otras cosas y no puede vigilar estrechamente su inversión. No obstante, hay dos aspectos a considerar. En primer lugar, los mercados son muy competentes para detectar este tipo de órdenes, especialmente las fijadas a precios con números redondos, como 25 dólares. Los operadores profesionales y los creadores de mercado tienen trucos para que baje el precio de la acción y se dispare la orden de venta. De ese modo, se hacen con las acciones a precio de ganga en su propio beneficio. (Después de observar la marcha de los mercados bursátiles durante un tiempo, usted también se dará cuenta de que muchos mínimos del día están a 25 dólares, 24,95 dólares u otro número redondo.)

Pero el auténtico espantajo —y a estas alturas probablemente ya lo haya adivinado— es que no se ha tomado ninguna decisión respecto a si Intel a 25 dólares la acción es el mejor lugar para su capital. ¿Hay alguna cosa mejor que comprar a 25 dólares? Usted podría argumentar que la liquidez es mejor cuando una acción le está extorsionando de este modo. Esto indica que tal vez había alguna incorrección en su análisis y que la apuesta más segura es ir a por el dinero hasta que disponga de tiempo suficiente para reevaluar la situación. Este comportamiento es correcto pero tiene que ser una decisión tomada de forma consciente.

Venda cuando haya alguna cosa mejor que comprar. Sepa lo que está haciendo. No venda a un 10 por ciento menos sin ninguna base lógica. Eso es para personas que no saben lo que están haciendo.

¿No está seguro? Trate de vender la mitad

Hasta ahora, usted ha revisado veintitrés hábitos y medio y sigue sin estar seguro de reconocer cuáles son los mejores momentos para comprar o para vender. Bienvenido al club.

Existe hoy y siempre existirá mucha incertidumbre en el campo de las inversiones. Tiene que ser así. Si todas las inversiones se comportaran de forma predecible y sistemática, todos tomaríamos las mismas decisiones de compra y de venta. Sería demasiado fácil. El problema es que si todos tomáramos las mismas decisiones al mismo tiempo, no habría un comprador en el mercado cuando usted decidiera vender ni tampoco habría un vendedor cuando decidiera comprar. Todas las partes tratarían de hacer lo mismo —no lo contrario— que usted está intentando hacer.

Esa incertidumbre hace que los mercados funcionen. También le pone difícil tomar una decisión terminante sobre si debe comprar o vender una acción. Esto es perfectamente comprensible. Es la naturaleza intrínseca del juego.

¿Cree que tiene que vender? ¿Tiene *in mente* alguna cosa mejor que comprar (incluso dinero en efectivo)? Las asunciones que hizo sobre su inversión pueden haber cambiado, pero no está completamente seguro. ¿Qué hace?

En mi experiencia, he descubierto que la denominada «venta de la mitad» tiene mucho sentido. Venda la mitad de la inversión, cobre dinero en efectivo o capital para efectuar otra inversión y deje como está la otra mitad, para el caso de que usted tuviera razón respecto al análisis inicial de la compañía. Con la venta de la mitad, está reduciendo su riesgo en dicha compañía, pero sigue participando en ella por si las cosas resultan tal como usted predijo en un principio.

También puede vender la cuarta parte o cualquier otra fracción, si se siente más o menos dubitativo y tiene las acciones suficientes para que esta operación tenga lógica. Al vender o comprar la mitad usted protege parte de su capital (o parte de su inversión) para otra operación posterior que, es de esperar, pueda realizarse a un mejor precio.

En cualquier caso, el enfoque de «la mitad» le ayudará a dormir mejor por las noches. Se sentirá mejor porque emprendió una acción dirigida hacia la seguridad o hacia otra inversión, pero también se sentirá mejor si resulta más adelante que su análisis original era correcto.

Adquiera el hábito

- Venda solamente si hay algo mejor que comprar.
- Recuerde que el dinero en efectivo puede ser también «algo mejor que comprar».
- Use límites de precio solamente dentro del principio «vender cuando haya algo mejor que comprar».
- Si no está seguro, trate de vender la mitad de su inversión.

Hábito 25

Mida los resultados

«Lo que puede medirse puede entenderse;
lo que puede entenderse puede modificarse.»

Así dice esta cita cargada de sentido común sacada del libro de fantasía y ciencia ficción *El Ocho*, cuya autora es Katherine Neville.

Una declaración de este tipo puede conseguir, por sí misma, que la lectura sea fascinante, pero más concretamente es una guía filosófica enormemente importante para las inversiones y, de hecho, para sus finanzas personales e incluso para su vida personal y profesional.

Es curioso cómo los seres humanos miden algunas cosas al detalle, como el precio del litro de gasolina o de leche, y en cambio permiten que otras cosas que forman parte de su vida sigan su curso, con tan solo unas pocas paradas, si es que las hay. ¿Es una cuestión de confianza? ¿Es usted tan competente en el área de sus finanzas personales e inversiones que puede *dar por sentado* que todo saldrá bien?

También puede tratarse de «ojos que no ven, corazón que no siente», «lo que no conozco no puede hacerme daño», «bien, en cualquier caso, no puedo cambiar nada» o «me van las cosas fatal y no puedo soportar analizarlas». He descubierto y experimentado personalmente a lo largo de los años que todas estas afirmaciones son producto de la naturaleza humana.

Creo que puede darse cuenta de adónde va a parar todo esto. El *Hábito 25. Mida los resultados* es simple, breve y se guarda intencionadamente para el final. Usted debería verificar el estado de sus inversiones por lo menos una vez al año para ver cómo han evolucionado. En realidad, es mejor revisarlas una vez al trimestre o incluso una vez al mes. El mundo cambia con rapidez.

No esconda la cabeza bajo el ala.

La revisión periódica

Si usted trabaja en una organización, le evaluarán periódicamente. Es en cierta forma como el análisis DAFO que expusimos en el *Hábito 13. Adopte la perspectiva de marketing.* Su jefe revisará sus puntos fuertes, sus puntos débiles, sus oportunidades y sus amenazas. Si la evaluación se lleva a cabo adecuadamente, usted sabe cuál es su posición actual y qué tiene que hacer para avanzar.

La revisión periódica de sus inversiones debería dar lugar a un resultado similar, tal vez con un poco más de detalle.

Eche un vistazo a los valores que tiene en su cartera. Analícelos frente a (1) cómo estaban cuando los adquirió, y (2) cómo estaban en la última revisión. Lo más probable es que algunos estén evolucionando de acuerdo con sus expectativas y otros no. Revise cada inversión y determine si siguen teniendo sentido. Es como hacer el análisis de comprar o vender una y otra vez, pero a menos que se hayan desviado enormemente con respecto a sus expectativas probablemente no tendrá que bajar en exceso a los pequeños detalles.

Llevar a cabo un análisis DAFO para cada inversión, y una revisión de los tres pros y los tres contras (*Hábito 17. Liste sus tres pros y sus tres contras*), es también una excelente idea. Asegúrese de que sus inversiones merecen seguir en este estatus y esté preparado para hacer cambios.

A partir de este primer análisis, usted podría hacer un análisis DAFO de la totalidad de la cartera de valores. Tal vez decida que ha llegado el momento de hacer algunos ajustes. Decidir que se dejan las cosas como están es una decisión excelente, siempre que se tome de forma consciente y racional.

Aprenda de los errores

Se dice que toda enseñanza está basada en el aprendizaje de los errores, tanto los propios como los ajenos. Una consecuencia evidente de esta idea es que usted debería analizar sus inversiones –todas las inversiones, tanto en las que gana como en las que pierde– para determinar lo que hizo bien y lo que hizo mal.

Cuando algo funcione o no funcione, evalúe sinceramente por qué funciona o por qué no funciona. A veces es de utilidad anotarlo, para que así pueda conservar la idea, volver a ella en el futuro y aprender con más seguridad a no repetir el error. Si le gusta el nombre, podría titularlo «diario de inversiones».

En cualquier caso, mida y modifique siempre que sea necesario.

Solo entonces obtendrá los beneficios de la experiencia y se convertirá en un inversor mejor.

Adquiera el hábito

- Lleve a cabo una evaluación periódica de la marcha de sus inversiones, por lo menos una vez al año, aunque tal vez sea más lógico hacerla mensual o trimestralmente, en función de cuán *activas* sean sus inversiones.

- Evalúe brevemente para cada inversión si hay que comprar o vender. Lleve a cabo un análisis DAFO y liste tres pros y tres contras.

- Lleve un diario donde registre sus éxitos y sus fracasos.

- Aprenda de los errores.

- Láncese y vaya a por un millón de euros.

Anexo

Los 25 hábitos de un vistazo

Parte I
El estilo para tener éxito: creación de su estilo
de inversión individual

Hábito 1. Conózcase a sí mismo y sepa qué puede esperar

- Sepa lo que está tratando de lograr. Dígalo en voz alta, coméntelo con su familia y anótelo.
- Sepa lo que es realista esperar.
- Decida si se siente feliz cumpliendo, superando o permaneciendo ligeramente por debajo de los rendimientos del mercado, teniendo en cuenta los riesgos y energías involucrados.
- Invierta lo que se puede permitir perder.
- Asegúrese de que todos los miembros de su familia están de acuerdo.

Hábito 2. Conozca y utilice las matemáticas básicas de la inversión

- Recuerde siempre la fuerza del interés o rendimiento compuesto.
- Procure ganar unos cuantos euros más.

- Sepa cuál es el verdadero coste de la gestión profesional y cuáles son las comisiones que cobran los fondos de inversión.
- Practique la regla del 72. Es práctica y también podrá impresionar a sus amigos.
- Piense en términos de tasas de rendimiento o crecimiento compuesto, es más conservador y más realista.

Hábito 3. Consiga la información adecuada en la cantidad adecuada

- Decida el tiempo de que dispone y que quiere dedicar a mantenerse informado.
- Piense en lo que necesita o quiere de las cinco categorías siguientes: tendencias económicas generales, tendencias sectoriales, información económica y financiera, información cualitativa y análisis.
- Revise las fuentes de información en cada una de las categorías y selecciónelas en base al valor que ofrecen.
- Revise de vez en cuando las opciones de que dispone, descarte las que no aporten gran cosa, pruebe otras para ver si le convienen.
- Acceda a redes de contacto informales: amigos, familiares y personas de dentro del sector.
- Comparta sus fuentes de información con otros inversores y amigos para reducir costes o para potenciar el tiempo respectivo dedicado a la búsqueda de información.

Hábito 4. Descubra su nivel óptimo de diversificación

- Caiga en la cuenta de los mitos y los costes de la diversificación.
- Evite los fondos de inversión y otras formas de diversificación que se superpongan.
- Diversifique más a fondo que con una simple asignación de activos; dese cuenta de que el mix de acciones frente a bonos frente a liquidez frente a otras formas de inversión se queda corto si no sabemos qué hay debajo de la superficie.
- Diversifique en múltiples dimensiones «inteligentes»: sector, perfil de riesgo, horizonte de tiempo y fondos de inversión frente a acciones individuales.

- Escoja y gestione entre cinco y diez compañías como las inversiones en las que principalmente se debe concentrar.

Hábito 5. Segmente su cartera de valores

- Divida sus inversiones por niveles, segmentando cuentas de forma específica o bien en su mente (una lista por escrito le ayudará a hacer el seguimiento).
- Decida las sumas que debe haber en cada nivel y fije expectativas para cada nivel.
- Dedique más tiempo a la gestión de los niveles más activos. La mayor parte del tiempo hay que dedicarlo a la cartera oportunista, menos a la rotativa, y menos aún a la cartera básica.
- Cuando considere una nueva inversión, piense en el nivel al que debería asignarse.
- Adquiera las inversiones más apropiadas para cada nivel.

Hábito 6. Trabaje duro y con inteligencia

- Haga los deberes como si estuviera adquiriendo y poseyendo la totalidad de la compañía.
- Reserve el tiempo necesario para hacer bien las cosas, tanto en la fase inicial como en el futuro.
- Consiga ayuda donde la necesite, en forma de asesores profesionales y en forma de inversiones en fondos.
- Conviértalo en una rutina.

Parte II
Evalúe para tener éxito: descubra cuáles son las mejores inversiones para usted

Hábito 7. Compre como si estuviera comprando toda la empresa

- Piense en la compra de una acción como si estuviera adquiriendo el 100 por cien de la empresa.

- Piense siempre en el negocio y solo después examine el precio.
- No se interese por algo solo porque parece una buena idea.

Hábito 8. Compre lo que entienda, entienda lo que compre

- Asegúrese de que entiende aquella compañía que está pensando poseer.
- Sea capaz de describir de forma breve el negocio de la compañía a un familiar, por ejemplo.
- Asegúrese de que tiene la formación y las conexiones suficientes para descubrir lo que tiene que saber sobre una compañía.
- Si no la entiende, no la compre. Pase a otra casa. Hay multitud de compañías en el mercado.

Hábito 9. Evalúe los fondos de inversión de forma realista

- Comprenda las ventajas de los fondos frente a las acciones individuales, sepa cuándo los fondos encajan mejor con sus necesidades y actúe en consecuencia. Elabore una estrategia relativa a la utilización de fondos en su cartera como, por ejemplo, lograr diversificación a nivel internacional, exposición a materias primas, a acciones de pequeña capitalización, etc.
- Sepa cómo los fondos de inversión y los ETF se comparan entre sí; esté preparado para comprar los fondos comunes de inversión y los ETF para rellenar los vacíos que se puedan producir en su cartera de valores.
- Evalúe los fondos según congruencia objetiva, valores en cartera, rendimiento y coste. Someta a prueba el fondo para determinar si realmente hace lo que dice que hace y lo que usted quiere que haga.
- Evite la adquisición de fondos que coinciden en parte (demasiada diversificación).
- No crea que el fondo es apropiado para usted solo porque proceda de una famosa firma de Wall Street y esté empaquetado en un bonito envoltorio. Es igual que cualquier otro producto y debería evaluarse como corresponde.

Hábito 10. Valore los fundamentos

- Recuerde que los fundamentos son resultados del pasado, mientras que los activos intangibles como la marca, la posición en el mercado y la excelencia en la dirección y gestión pronostican los resultados del futuro.
- Recuerde que los fundamentos miden el desempeño de la empresa en términos absolutos, el desempeño relativo a lo largo del tiempo (tendencia) y la eficiencia.
- Utilice los fundamentos para medir (1) la fortaleza de la empresa en el mercado, y (2) el grado de efectividad de la dirección y gestión de la empresa para convertir esta fortaleza en beneficios económicos.
- Cree su propia lista de «fundamentos estratégicos». Utilice esta lista como prueba de fuego para compañías que posee o planea adquirir.

Hábito 11. Busque la liquidez en los lugares apropiados

- El estado de flujos de caja debe formar parte de su proceso normal de revisión.
- Determine si la compañía está generando o consumiendo liquidez (capital).
- Determine si los flujos de caja están bien gestionados y bajo control.
- Compruebe que la compañía devuelva dinero a los accionistas de forma periódica.

Hábito 12. No olvide los activos intangibles

- Comprenda que los activos intangibles tienen que ver con el futuro, mientras que los financieros tratan del pasado.
- Busque «fosos» (ventajas competitivas sostenibles).
- Examine uno por uno los siguientes puntos (unos pueden ser más difíciles de conseguir que otros):
  — Marca
  — Liderazgo y posición en el mercado
  — Fidelidad de los clientes
  — Excelencia en la innovación
  — Excelencia en el canal
  — Excelencia en la dirección y gestión

- Asimile la información sobre los activos intangibles leyendo regularmente noticias sobre la compañía, visitando la compañía y/o sus sitios web y escuchando lo que otras personas pertenecientes al ámbito personal o profesional tienen que decir sobre la misma.

Hábito 13. Adopte la perspectiva de marketing

- Piense en las compañías que ya tiene –o que quiere comprar– como lo haría un profesional del marketing.
- Decida dónde se posiciona la compañía (recuerde el ejemplo Walmart-Target-Nordstrom) y determine si tiene éxito con este posicionamiento.
- Busque compañías sólidas que sean líderes en nichos de mercado.
- Examine la cartera de productos de una compañía –y la propia compañía– en busca de *estrellas* y *vacas lecheras*.
- Determine si la compañía está ganando cuota de mercado y *mindshare*.
- Decida si la compañía se presenta de forma clara y efectiva en el mercado. ¿Transmite valor a sus clientes?
- Identifique tres fortalezas, debilidades, oportunidades y amenazas de cada compañía. Decida también si algunas de las amenazas o debilidades son deficiencias críticas.

Hábito 14. Póngase en la piel del cliente

- Dedique tiempo, preferiblemente cada semana, a seguir la pista de empresas en las que podría querer invertir. Hágalo a nivel local, cuando viaje y a través de amigos, familiares y conocidos.
- Preste atención a sus propias interacciones, compras y experiencias con una compañía determinada. ¿Podría haber sido mejor? ¿Alguna otra compañía lo hace mejor?
- Analice el nivel de actividad de los clientes, el aspecto que ofrecen las instalaciones y la actitud y amabilidad de los empleados.
- Visite los sitios web. Otorgue un plus a las compañías que transmitan mensajes claros, accesibles y útiles sobre sus productos y sobre cómo le benefician a usted.
- Vea los anuncios. ¿Son eficaces? ¿Qué le están contando realmente?
- Introdúzcase en la red de lo que se dice boca-oreja a través de ami-

gos, empleados, empleados de otras compañías y a través de los medios de comunicación económicos y sectoriales.

Hábito 15. Capte el estilo de dirección y gestión

- Dese cuenta desde el principio de que el conocimiento del grado de efectividad de la dirección y el liderazgo de las compañías es un ejercicio de lectura entre líneas.
- Busque señales de logros y de consecución de objetivos, no señales de poder. Tal como dijo Bill Clinton en una ocasión, «el poder a través del ejemplo, no ejemplos de poder».
- Busque señales de focalización en los clientes, una visión sólida y racional, una cultura ganadora, unos productos ganadores, unos mensajes claros, escuetos y útiles y una «marca» de una sólida reputación y dirección de la compañía.
- Recuerde de nuevo que usted está adquiriendo una percepción. Si piensa que le gustaría trabajar para la compañía es que está en el buen camino.

Hábito 16. Busque señales de valor positivo y señales de valor negativo

- Cree una lista de control (o utilice esta).
- Compruebe por partida doble.
- Descubra quién es malo y quién es bueno.

Hábito 17. Liste tres pros y tres contras

- Piense en términos de treses: tres puntos fuertes, tres puntos débiles, o tres pros y tres contras.
- Anótelos, sobre todo para tenerlos en cuenta en el «análisis final» de una compañía.
- Corrija y ajuste cuanto sea necesario.
- Pruébelo. Le gustará. Funciona.

Hábito 18. Compre con un margen de seguridad

- Considere el valor de una empresa como la suma de todos los futuros flujos de caja.
- Analice las ratios. Utilícelas como guía de futuros rendimientos y para comparar alternativas.
- Simule que está adquiriendo la totalidad de la empresa. ¿Aún desea comprarla?
- Otórguese un margen de seguridad adicional, comprando a un precio con descuento, por si acaso.

Parte III
Sea propietario para tener éxito: saque el máximo
partido a su cartera de valores

Hábito 19. Cuando decida comprar, hágalo de forma inteligente

- Tenga paciencia. Observe el movimiento de la cotización de la acción durante unos cuantos días, como mínimo, antes de la inversión efectiva.
- Compre cuando decida comprar; utilice las órdenes de compra al mejor precio posible; no juegue con los límites para tratar de ahorrar unos pocos céntimos.
- Invierta periódicamente en las acciones que ya tiene; aprovéchese de las ventajas de invertir una suma fija en ellas cada cierto tiempo.
- Si le apetece, venda opciones *put* para ganar un poco más a partir de sus decisiones de compra.

Hábito 20. Manténgase constantemente al tanto de lo que pasa

- Dedique tiempo regularmente a explorar las noticias y cotizaciones y a comprobar el progreso de las compañías de las que tiene acciones.
- Lea en detalle los informes financieros trimestrales y escuche las teleconferencias para los inversores.
- Póngase en el lugar de los clientes. Deambule de aquí para allá, per-

ciba el negocio, capte lo que piensan los clientes y asegúrese de que la empresa está bien encaminada.

- Vigile a la competencia.
- Manténgase en contacto con los expertos del sector.

Hábito 21. Reaccione ante las noticias, pero no de forma exagerada

- Preste atención a las comunicaciones de la compañía. No las pase por alto.
- Reaccione ahondando más en el tema.
- Piense como si fuera el propietario de la compañía.
- No reaccione de forma exagerada con un reflejo de compra o de venta poco meditado.

Hábito 22. Retribúyase a sí mismo

- Busque acciones sólidas que paguen dividendos.
- Busque compañías que muestren un historial de *aumentos regulares* de dividendos.
- Si usted es un inversor más activo, aproveche las oportunidades del *swing trading* cuando se presenten.
- Aprenda a vender opciones *call* cubiertas para generar o aumentar los ingresos actuales.

Hábito 23. No se case con sus inversiones

- No se apegue emocionalmente a sus inversiones.
- No se apegue emocionalmente a sus inversiones.
- No se apegue emocionalmente a sus inversiones.

Hábito 24. Venda cuando haya algo mejor que comprar

- Venda solamente si hay algo mejor que comprar.
- Recuerde que el dinero en efectivo puede ser también «algo mejor que comprar».

- Use límites de precio solamente dentro del principio «vender cuando haya algo mejor que comprar».
- Si no está seguro, trate de vender la mitad de su inversión

Hábito 25. Mida los resultados

- Lleve a cabo una evaluación periódica de la marcha de sus inversiones, por lo menos una vez al año, aunque tal vez sea más lógico hacerla mensual o trimestralmente, en función de lo *activas* que sean sus inversiones.
- Evalúe brevemente para cada inversión si hay que comprar o vender. Lleve a cabo un análisis DAFO y liste tres pros y tres contras.
- Lleve un diario donde registre sus éxitos y sus fracasos.
- Aprenda de los errores.
- Láncese y vaya a por un millón de euros.